JN093060

写真で描く乳児保育の実践

子どもの世界を見つめて

ITO Mihoko/NISHI Ryutaro

伊藤 美保子/西 隆太朗 [著]

ミネルヴァ書房

は じ め に

> 赤ちゃんのときって少ししかない。さわっても抱いても見て
> いても飽きない。
> 日に日に成長し，澄んだ瞳に吸い込まれそうになる。
> 大事にしたい，赤ちゃんの時を。それからやっぱり，その時
> しかない，幼児期を……。
>
> ——『保育の中の子ども達』

　ここに挙げた言葉は，私が日々現場で保育をしていたころ，保育ノートに書
き記したものです。

　子どもたちの世界に惹きつけられ，大切に育みたいと願いながら，私は保育
者として長い歳月を生きてきました。大学に移り，保育者を育てる立場となっ
てからも，やはり子どもたちが生きる世界に触れていたくて，保育現場を訪れ
続けています。

　そんなふうに子どもの世界を見つめる中で，心を動かす保育の場面に数多く
出会ってきました。振り返ってみれば，現場にいたころとは違った立場で，
0・1・2歳児クラスの保育のさまざまな側面を，改めて見ることができたよ
うに思います。はじめから「研究」の形にしようと思っていたわけではないの
ですが，折々に自分が保育の中で考えたかったテーマに沿って，観察記録と考
察を論文にしてきました。それらをまとめ，全面的に再構築したのが本書です。
3歳未満児の保育の世界を，具体的な実践に即して，数々の写真とともに描き
出しています。

　考察にあたっては，どの観察場面についても筆者ら二人で話し合ってきまし
た。伊藤は主に保育の実践知の観点から，西はそれに若干の文献研究を加えて
います。保育においては，実践と研究がなかなか結びつきにくいことが指摘さ

れています。保育実践をともに観察し，二人で話し合ってきたことはたくさん
ありますが，そこから実践と研究を有機的に結びつける私たちなりのあり方を
示すことができればと思います。

　保育の理論という点で私たちに共通するのは，倉橋惣三・津守眞の人間的な
保育観からの影響です。私が保育現場にいたときには，何よりも子どもたちの
素晴らしさに希望を与えられ，協働する保育者集団の力があってこそ歩むこと
ができたのですが，自分自身の保育を振り返るときには，倉橋先生の言葉や，
子どもと真摯に向き合う津守先生の姿に支えられていました。本書ではそんな
人間的な視点を受け継ぎながら，0・1・2歳児の保育について考えていきたい
と思っています。

　本書では0・1・2歳児の保育における遊びや生活，計画や保護者の支援など，
多くの側面を扱っていますので，「乳児保育」のテキストとしても用いること
ができるようにしています。教科目内容のすべてを網羅しているわけではあり
ませんが，生きた実践を捉えた観察場面には保育のさまざまなテーマが凝縮さ
れていて，そこから自由に考察を深めていけるのではないかと思います。

　本書が，0・1・2歳児の子どもたちの生きた姿に触れ，子どもたちを大切に
する保育を考え合うきっかけになることを願っています。

　2020年　春

　　　　　　　　　　　　　　　　　　　　　　　　　　伊藤　美保子

保育士養成課程との対応について

　本書は0・1・2歳児保育の実践研究をまとめたものです。扱ったテーマは，保育士養成課程における教科目「乳児保育Ⅰ」「乳児保育Ⅱ」の内容とも重なっています。以下に，2018年に改正された「指定保育士養成施設の指定及び運営の基準について」（厚生労働省雇用均等・児童家庭局長通知）における両科目との対応を示します。

教科目「乳児保育Ⅰ」と本書の対応

教科目の内容	本書との対応
①乳児保育の意義・目的と歴史的変遷	序章
②乳児保育の役割と機能	序章
③乳児保育における養護及び教育	第9章
④乳児保育及び子育て家庭に対する支援をめぐる社会的状況	第10章
⑤保育所における乳児保育	序章～第9章
⑥保育所以外の児童福祉施設（乳児院等）における乳児保育	
⑦家庭的保育等における乳児保育	
⑧3歳未満児とその家庭を取り巻く環境と子育て支援の場	第10章
⑨3歳未満児の生活と環境	第2章
⑩3歳未満児の遊びと環境	第3章～第7章
⑪3歳以上児の保育に移行する時期の保育	（移行期の概念については，第1章で言及）
⑫3歳未満児の発育・発達を踏まえた保育士等による援助や関わり	第1章～第7章
⑬3歳未満児の発育・発達を踏まえた保育における配慮	第1章～第7章
⑭乳児保育における計画・記録・評価とその意義	第8章[1]
⑮職員間の連携・協働	第11章[2]
⑯保護者との連携・協働	第1章[3]
⑰自治体や地域の関連機関等との連携・協働	

　（注）1）保育者が育つための振り返り・省察については，第11章でも論じています。
　　　　2）保育者どうし育ち合う関係については，第11章で実習との関連で論じています。
　　　　3）入園期において保護者と連携できる協力関係を築くことについては，第1章で論じています。

教科目「乳児保育Ⅱ」と本書の対応

教科目の内容	本書との対応
①子どもと保育士等との関係の重要性	序章
②個々の子どもに応じた援助や受容的・応答的な関わり	第1章～第7章, 第9章
③子どもの主体性の尊重と自己の育ち	序章
④子どもの体験と学びの芽生え	序章
⑤子どもの1日の生活の流れと保育の環境	第2章
⑥子どもの生活や遊びを支える環境の構成	第2章～第7章
⑦3歳未満児の発育・発達を踏まえた生活と援助の実際	第2章
⑧3歳未満児の発育・発達を踏まえた遊びと援助の実際	第3章～第7章
⑨子ども同士の関わりとその援助の実際	第4章～第7章
⑩子どもの心身の健康・安全と情緒の安定を図るための配慮	第9章
⑪集団での生活における配慮	第2章, 第7章
⑫環境の変化や移行に対する配慮	第1章
⑬長期的な指導計画と短期的な指導計画	第8章*
⑭個別的な指導計画と集団の指導計画	第8章

（注）＊短期の指導計画・指導案の考え方については，第11章でも実習との関連で言及しています。

写真で描く乳児保育の実践

——子どもの世界を見つめて——

目　次

序　章

0・1・2歳児の保育をどう捉えるか

子どもがはじめた小さなことに目をとめて，
それにこたえる保育者となるように
　　　　　　　　　──津守眞『保育者の地平』

1 0・1・2歳児の保育の中で大切にしたいこと

　冒頭に挙げたのは，保育学者である津守眞の言葉です[1]。発達研究者として歩んだのち，保育者としての人生を歩むようになった彼が，自らが重ねてきた保育実践を振り返って語ったのが，この言葉でした。そこには，保育の原点が示されています。

　この序章では，0・1・2歳児の保育について，本書の基本的な考え方を示し

---

(1)　津守眞（1926-2018）　心理学者，保育学者。終戦直後から愛育研究所にて，のちには愛育養護学校の校長・保育者として，障碍（本書では津守にならってこのように表記します）をもつ子どもたちとその家庭の支援に携わってきた。お茶の水女子大学では倉橋惣三の思想を受け継ぎ，長年にわたって保育の世界における指導的役割を果たしてきた。1970年代以降，客観主義的研究を超えて，自ら子どもと出会い，子どもの内的世界を理解する研究へと「転回」を遂げる。

ます。先に挙げた言葉にも連なる考え方を，筆者らなりに，乳幼児期の保育実践に即して言葉にできればと思います。その実際は各章で詳述しますので，ここで示すのは要点だけです。まずは3歳未満児の保育の中で大切にしたいことを，次に4点挙げます。

（1） 一人ひとりを大切にすること

　子どもたち一人ひとりを大切にすることが，保育の根本にあります。どんなに幼くとも，人格をもち，自らの意思をもって育ちゆく存在として，子どもたちを受け止めたいものです。実際，子どもたちは必ず育っていく力をもっていますし，保護者もそんな子どもたちとともに歩んでいきます。どの子にも，どの保護者にも，敬意をもって出会いたいと思います。

　一人ひとりを大切にすることは，他の子どもたちや保育者とかかわらないということではありません。保育の中では，誰かを大切にしてかかわるなら，その信頼感や親しみが，まわりの子どもたちとの間にも広がっていくものです。一人ひとりを大切にしながら同時にクラス全体をも支えていくのが，保育者の役割です。難しいように思われるかもしれませんが，保育の中では自然となされていることです。「一人とも，みんなとも」の実際は，本書を通して具体的に見ていきましょう。

（2） 心をこめてかかわること

　保育の中では，言葉を超えて心で通じ合うことが大切です。年長児の保育でも，それだけでなくどんな人間関係にも当てはまることですが，とくに0・1・2歳児クラスでは，言葉を超えた側面が重要になってきます。その後の人生を支える基本的信頼感は，言葉を超えて，ともに生活し，心をこめてかかわることを通じて育まれるものでしょう。

　心を遣うからこそ，難しい仕事でもあります。エルファーらは乳幼児期の保育者にとっては，原初的な感情を心で支えなければならないことが課題になると指摘しています（Elfer et al., 2012）。乳幼児期の子どもたちの思いを真摯に受

け止めるのは，ときに自分自身の基本的信頼感が試されることにもつながります。けれども保育の場は，その信頼感をともに築いていける場です。子どもたちの育つ力を信頼し，心を開いてかかわるときに，私たち自身の基本的信頼感もまた，新たに築かれていくでしょう。

（3）　生活の実践知

　倉橋惣三[(2)]が語ったように，保育は子どもにとって生活そのものです（倉橋，1953）。その子にとって「流れるような一日」が実現できてこそ，子どもは伸びていくことができます。

　0・1・2歳児の保育では，睡眠，授乳や食事，排泄など，保育者はその子の生活面・身体面でのケアにかかわることが多くあります。その一つひとつが，子どもの生命を支える尊い営みです。子どももただ受動的にケアされるだけでなく，自分自身その営みに能動的にかかわっています。生活は子どもとの共同作業であり，それを積み重ねる中で，子どもと保育者との信頼関係が築かれていきます。

　生活の中には，理屈では割り切れないことがたくさんあります。育児の実際がそうであるように，それに通ずる経験のない人には論じることさえ難しい領域があります。一人ひとり異なる個性をもった子どもたちを実際にケアしていくのは，マニュアルに頼ってできることではありません。保育者一人ひとりが，経験を通して実践知を培うことが必要になります。その実践知は，保育を理解し研究する上でも生かされるでしょう。

---

(2)　倉橋惣三（1882-1955）　東京女子高等師範学校（現・お茶の水女子大学）附属幼稚園の主事（園長）を長く務める中で，子どもを尊重する人間らしい保育のあり方を日本に広めた。戦後，日本保育学会を創設。彼の生涯と思想については，自伝『子供讃歌』（倉橋，1954）のほか，坂元（1976），津守（1979），森上（1993）に詳しく述べられている。

（4） 変化に開かれていること

　子どもたちは，日々成長していく存在です。昨日まで，さっきまで見えていたのとは違う，新しい姿を見せてくれます。変わりゆくその子の今の姿に応答するには，「これまでそうしてきたから」ではなく，自分自身を変えることも必要になってきます。子ども理解にも，同じことが言えます。「理解するとは，知識の網の目に位置付けることではなくて，自分が変化することである，子どもと交わることは，保育者自身が日々変化し，成長することにほかならない」（津守，2002，p. 39）。自分の枠組みを超えてかかわり，考える中で，私たちも心を開かれ，新たに成長していくことができます。

2　乳幼児期の育ちと支える関係

（1）　人生の根本を育てる時期

　乳幼児期は，人生の根本を育てる時期です。この時期の「学び」や「育ち」を捉える上では，目に見える能力や技術を超えて，人間の成長を根本的に考えていく必要があるでしょう。

　乳幼児期の保育の中で培われるべきものとして，津守眞は存在感，能動性，相互性，自我を挙げました。「そこが自分の場所であるという存在の確かさの感覚」が，人間の成長にとっての基盤になります。「他人からやらされるのでなく，自分が選んだことを自分のペースでやる」体験が，人生を能動的に生きることを支えます。「互いに相手の思いに合わせてやりとりする対話」によって，生きた人間的な関係が創造されます。個々の能力を超えて，それらを総動員し，また状況を総合的に判断して行動するのが自我の働きです（津守，2002，p. 39）。

　これらは乳幼児期ばかりでなく，生涯を通して続くテーマです。存在感，能動性，相互性，自我は，保育者自身も子どもと向き合って，揺らぎを経験しながら新たにつかみ直していくものでもあります（津守，1998）。目に見える指標によって測定できる限定的でスタティックな能力概念ではなく，子どもと保育

者がともに成長していくダイナミックな営みを捉えた点に，津守の発達論の意義があるのだと考えられます。測定は直線的な優劣につながりがちですが，津守の観点は，相互的な発達の深まりを捉えることを可能にします。人間の発達を根本から考えるのには，後者の観点がふさわしいと思います。

（2）　関係性の意義

　こうした成長の過程は，子どもと保育者の関係性によって支えられています。直接のかかわりももちろんですが，保育の関係性は背景としても大きな影響を及ぼします。子どもがクラスを「自分の場所」だと思えるためには，保育者が安心できる人であり，その子のあり方を尊重してくれているという実感が必要です。一方，保育者がその子や家庭を「問題」と見るようなことがあれば，子どももその視線を感じとって不安になり，かえって「気になる」行動が増えるという悪循環に陥る場合もあります。関係性は，直接目に見えないところでも保育に影響を与えているのです。

　筆者の西はこうした保育理解のアプローチを，「関係性と相互性」「イメージと物語」「人間的な視野」のキーワードで示してきました（西，2018）。関係は直接的なやりとりによって結ばれることもありますが，イメージや物語を介して深められることも多くあります。子どもたちから，砂のごはんを手渡してもらったり，お返しに葉っぱを集めたりした人は多いことでしょう。

　0・1・2歳児の世界では，言葉やイメージだけでなく，ものを通して，あるいは身体感覚や心の共鳴といった形でのコミュニケーションがあふれています。津守は「身体のことばを読む」と表現していますが（津守，1996），幼い子どもたちとかかわる経験を重ねる中で，言葉を超えたコミュニケーションを学ぶことも重要です。私たちは子どもとかかわる中で，人と人とのかかわりの原点を学び直すことができます。

3 保育を見る目を培うこと——実践と観察研究

（1） 子どもを見つめるまなざし

　子どもを見つめる保育者のまなざし——保育はそこから始まります。保育の中で大きなこと，たとえば危険なことや激しい訴え，生命の保持にかかわることが起きたなら，保育者はもちろんそれに気づいて対応しなければなりません。一方で，その「大きなこと」がどうして起きてきたのか，その文　脈を考えてみることも重要です。物事は，起きてくるときには起きてくるものですが，中にはそれまでの小さなできごとの積み重なりが見過ごされていて起きることもあります。

　子どもの世界に触れるには，繊細な感受性をもって，こまやかに見ることも大切です。何気ない小さなことのように見えても，子どもにとっては大きな意味をもつことがあります。

　たとえば自由な遊びの時間を「ただ遊んでいるだけ」と思ってしまえば，何も見えなくなってしまいます。実際には，「子どもから生まれる遊び」こそ，子どもが自ら何かを発見し，主体性を発揮する場でもあるのです。また，「自由」と銘打っていても，実際には自由感のない環境というものもあります。子どもが遊ぶための選択肢が少なかったり，本当に自由に遊ぶことは許されていないと子どもが感じたりするときには，その子らしい遊びそのものが生まれにくくなってきます。子どもの姿は，見る目をもたなければ見えないし，それが生き生きと現れる場がないときも，また見ることができないものです。冒頭に挙げた津守の言葉に示されているように，「小さなこと」に見えるけれども大切なものを心にとめて応えていくことは，保育の本質なのだと思います。子どもに応えるというのは，直接に応答していくことも，背景となる信頼関係や環境構成によって応えていくことも，両方を含んでいると考えられます。

（2）　本書における観察研究について

　本書では，筆者らが見つめてきた保育の場面，子どもの世界を，写真やエピソードによって示しながら，0・1・2歳児の保育について考えていきます。

　観察を行ったのは，主としてA保育園です。A保育園では，3歳未満児クラスは担当制の保育によって，保育者のこまやかなかかわりを通した信頼関係を築いています。3歳以上児クラスでは異年齢の保育により，保育者とともに，年齢の異なる子どもたちどうしが助け合い，触発し合う関係性がより深められています。園庭には築山や木の上のお家^{うち}など，体を使ってさまざまに遊べる環境が，室内には各年齢の子どもたちのイメージを触発する遊具が用意されています。

　筆者らはこの十数年にわたり，この園の保育の中に入らせていただいてきました。毎週午前中に園を訪れると，子どもたちがいろいろに誘いかけてくれて，夢中になって遊び込む姿を見せてくれます。そんな子どもたちの姿にひきつけられて，筆者の伊藤は保育の場面をカメラに収めてきました。一般的な観察のように子どもたちとのかかわりを控えるのではなく，むしろ子どもたちと遊びの世界を共有し，かかわりながら見る，フィールドワーク的な関与観察を行ってきました。3歳以上児を含めてさまざまなクラスを見てきましたが，本書では3歳未満児の観察をまとめました。

　なお，写真や観察事例を研究に用いることについては，園を通して保護者からの了解を得ています。

　観察研究をどのように行うかという方法論についても，ここで触れておきます。いわゆる客観主義的な観察を超えて，子どもと出会う保育研究の意義と方法論については，津守（1974），鯨岡（2005）などの先行研究があり，筆者の西も論じてきたところです（西，2018）。子どもの内的な体験を排除するのではなく，それを汲み取っていこうとする研究は，観察者自身が関係の中に身を置き，子どもへの共感を通して行う関与観察によってこそ可能になります。

　これに加えて映像を用いた研究の場合は，どの場面を取り上げるかという選択が必要になります。入園期の観察など，ある程度テーマをもってクラスに入

った場合もありますが，多くの場合は伊藤が心惹きつけられた場面を取り上げています。子どもたちの遊ぶ姿に心を動かされたり，保育者のこまやかな援助の意味に気づかされたり，そんな折々を映像に収めてきました。

　津守眞は，事例の選択についてこう述べています。

　　保育そのものは，生きて動いているので，かたわらにいる研究者の心も，生きた感動をもってその保育にふれるときに，そこで起こっていることの内実にふれることができる。そうでないときには，外側の行動が目に映っていても，そこで起こっていることの重要な部分にはふれていないであろう。そこで，観察するときには，観察者の心がひきつけられるものに出会うまで，その場面に身をおいて，待つことが必要な場合がしばしばある（津守，1974，pp. 5-6）。

　筆者らも，保育の中の感動をできるだけ捉えながら，観察研究をまとめてきたつもりです。もちろん，保育の内実に触れるのにマニュアルがあるわけではありませんから，場面選択や考察が絶対だということではありません。ただ，関与観察による事例研究は，事例そのものに加えて，観察者自身の「保育を見る目」を示すところにも意義があると考えられます。

　観察研究という行為そのものが，省察的実践（Schön, 1983；本書第8章参照）としての性質をもつと言うこともできるでしょう。関与観察に固定したマニュアルはないので，観察者は身をもってかかわり，自分の目でものを見ることになります。そのとき，子どもや保育者，保育の状況と対話しながら，自らの視点を含めた省察を深めていくことが，実践者にとって意味のある研究だと捉えることができます。筆者らに限らず，実践者・研究者たちが，自らの「保育を見る目」を具体化し，それによって互いに省察を深めるようになれば，誰もが自分自身の目で保育を捉え，より深くかかわる道が開けるのではないでしょうか。

4　本書の構成

（1）　全体的な構成について

　本書は，3歳未満児保育のさまざまな実践について，主として映像・写真を用いた関与観察に基づく研究をまとめたものです。テーマの多くは，保育士養成課程の教科目「乳児保育」とも重なっています。この序章では，筆者らが0・1・2歳児の保育を捉える視点を簡略に示しました。

　従来はこの時期の保育が「乳児保育」と総称されていたのですが，「保育所保育指針」の2018年改定に伴って，その定義が一部変更されました。本書では，3歳以上児との対照でこの時期全体を指す場合には「3歳未満児」，各年齢やクラスを網羅する場合には「0・1・2歳児」と呼びますが，あまり厳密な区別はしていません。

　第Ⅰ部では，3歳未満児保育の基本的な枠組みをとくに生活面から扱い，第Ⅱ部では0・1・2歳児各クラスの遊びと環境・保育者の援助を具体的に取り上げています。第Ⅲ部では，この時期の保育のあり方について理論的・実践的な考察を行いました。

　各章の冒頭には，それぞれのテーマに関して心に浮かぶ，倉橋惣三・津守眞・津守房江の言葉を挙げています。倉橋・津守は幼稚園とのかかわりで知られていることもあり，保育園とは系譜が異なると考える人もいるようです。けれども，倉橋・津守は保育をつねに人間の原点から語っていました。だからこそ，その言葉は制度の枠組みや領域を超えて，どんな保育にも通ずるものとして受け継がれており，子どもを真摯に思うことを助けてくれるのだと思います。

（2）　各章について

1）0・1・2歳児保育の実践に学ぶ――第Ⅰ部
　第1章では，0歳児クラス入園期の観察に基づいて，保育における「移行

期」の意味や必要な配慮について論じています。入園期は子どもと保護者，保育者が出会って，生活の新しい枠組みをつくっていく時期であり，そこから入園期のみならず，保育者の基本的な姿勢を学ぶことができます。

第2章では，保育における生活面での配慮・援助を取り上げました。A保育園では担当制をとっているので，担当制の具体的な実践にも触れていますが，幼い子どもたちと信頼関係を築き，こまやかな配慮・援助を行っていく点では，担当制に限らず3歳未満児保育の全体に通ずる理解が得られるのではないかと思います。

2）遊びと環境・保育者の援助——第Ⅱ部

観察研究の方法論についてはこの序章でも触れましたが，第3章では第Ⅱ部に共通する，遊びの観察研究のあり方について述べます。第4章～第6章では各年齢における遊びと環境について，具体例を取り上げて論じます。また第Ⅱ部全体を通しての考察を，第7章に記します。

3）0・1・2歳児保育のあり方を考える——第Ⅲ部

第8章では，保育の計画について理論的な検討を行い，子どもの主体性を生かした相互的な計画と，保育者の省察を促す生かし方について考えます。計画通りにはなりにくい3歳未満児の保育にとって必要な観点ですが，3歳以上児にも当てはまる議論だと考えています。

第9章では，保育所保育の特性とされる「養護と教育の一体性」が普遍的な意義をもつことを示し，0歳児クラスの事例をもとに，その実際について論じます。

第10章では子育て支援の実際について，第11章では保育実習の事後指導を論じています。実習指導は特殊なテーマのように見えますが，保育者を育てることと捉えれば，現場での課題にも通ずるものなのではないかと思います。保育をともに省察すること，保育をともに語り合えるコミュニティを築くことについて，筆者らの経験から論じました。同じように，保育の研究を形にするとい

うことも，保育をともに考えることのできるコミュニティを，より広い世界の
中で築いていくところに意味があるのだと考えています。

第Ⅰ部

0・1・2歳児保育の実践に学ぶ

第1章

園生活の始まり

——0歳児クラスの入園期から考える——

　今新しい幼児が，その新しい顔と声とをもって，あなたのもとに来たのである。あなたもまた新しい心をもって迎えざるをえない。

——倉橋惣三「新入園児を迎えて」

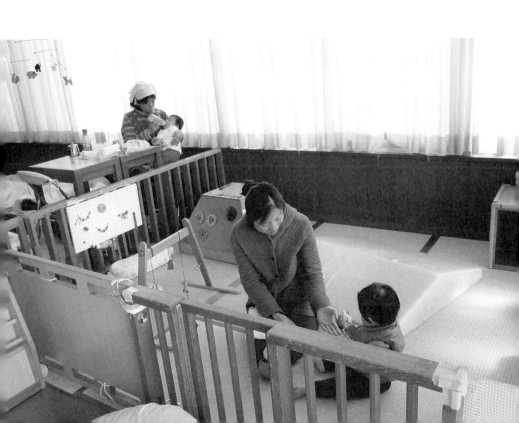

　　　　　　　家庭で過ごしていた子どもたちが園生活を新たに始めるとき。
　　　　　　子どもも保護者も「この園に入ってよかった」と安心できるよ
　　　　　　うな生活をどう築いていくのかは，保育の中の大切な課題です。
　　　　　　　入園期にどのような実践がなされているのか，親子はどんな
　　　　　　体験をしているのか，0歳児クラスの観察やインタビューを通
　　　　　　して，具体的に見ていきましょう。

1　入園期をどう捉えるか

（1）　入園の体験——移行期の意義

　人は一生の中で，さまざまな「節目」を経験します。入学，卒業，就職など，
誰もが経験するもののように見えても，私たち一人ひとりにとってはとても大
切で，特別な体験です。親になるということ，この世に新しく子どもが生まれ
てくることも，人生の大きな節目です。

　人生の「節目」を体験するときには，時間が必要です。これまでの生活とこ
れからの生活が，ある日突然，線を引いたように分かたれるわけではありませ
ん。過去の自分に別れを告げ，新しい環境に慣れ，自分らしい暮らしをつくっ
ていけるようになるまでには，試行錯誤のための時間も必要であり，さまざま
な心の揺れも生まれてきます。

　保育者とは，そうした重要な時期を生き抜いている親子と，日々ともに歩む
存在だと言えるでしょう。冒頭に掲げた倉橋惣三の言葉は，新しい年度のはじ
まりに保育者に向けて語られたものですが，新入園というできごとの人間的な
意味を，改めて教えてくれているように思えます。また彼は，入園するどの子

に対しても，私たち自身が新しく「その子の先生」になるのだと述べています（倉橋，1916）。そう考えると，新入園の時期は親子だけでなく，保育者にとっての「節目」でもあるということになります。

　園生活の中にも，さまざまな「節目」があります。新入園は，その最初のものだと言えるでしょう。入園期の揺れを乗り越え，成長の糧としていく上では，先に触れたように必要な時間をかけること，そしてその時間が温かく，充実したものであることが求められます。

　入園，卒園などの節目を乗り越えていく過程は，「移行（transition）」と呼ばれ，大切なものと考えられています。子どもの心の理解を重視する立場からは，移行期にどれだけ配慮し，それに応じた保育をどんなふうにしているかが，保育の質を計る一つの目安とも言われるほどです（Adamo & Rustin, 2014）。保育者にとっては，子どもたちと家族に心をかけると同時に，園生活のあり方もさまざまに工夫していく必要があります。

　幼い子どもたちが初めて家庭を出て，新しいコミュニティへと生活を広げていく新入園の時期。この大切な時期に，保育者はどのように子どもや家庭とかかわり，保育を進めていくのでしょうか。本章では，とくに 0 歳児の入園期についての観察研究を取り上げますが，その前に，入園時の移行期はどこから始まるのか，考えてみましょう。

（2）　最初の出会い──園見学のとき

　入園の日を境にすべてが変わるのではなく，その前にも後にも，時間をかけた移行期があると述べました。その過程はどこから始まっているのでしょうか。

　一般的には，少しずつ園での保育時間を延ばしていく「慣らし保育」によって始まると考えられます。しかし，過程全体を見るならば，それは園見学から始まっていると言えるでしょう。

　ここでは，園見学の実際を感じてもらうために，筆者の保育体験を振り返ってみたいと思います。保育者としての回想のようなものではありますが，他の事例と区別するために「省察」と題しておきます。

省察1-1　園見学を振り返って

　保育園の主任だったころ，園見学に来られる保護者の方々とたくさん出会ってきました。お母さんだったり，お父さんと一緒に来られたり，どの保育園がいいのか，いろいろな園を回ってみて，実際に自分の目で見て決めようというのが一般的になってきています。

　多くの方々が見学に来られていましたが，いつ来られても，保育園をよく見てもらうようにしていました。私たちの園がどんな園なのか，環境をざっと紹介したり，これから入るかもしれないクラスに案内したりして，子どもたちの遊びや生活，保育をしている様子をよく見てもらいます。言葉以上に，保育の実際を見る中で，一人ひとり，どの子も大事に思っていることが伝わればと願っていました。また保育を見て実感してもらったほうが，保護者の方にも安心してもらえるようです。園全体の雰囲気を感じながら，子どもたちがちょっとずつ大きくなって，多様な体験をしながら大きくなっていくんだという見通しをもってもらえるようにしていました。

　私たちの園の3歳未満児クラスは担当制の保育をしていましたが，それがどんな保育かということも，実際に見てもらうほうが伝わります。担当制では一人ひとりの生活リズムに合わせて保育が行われるので，同じ部屋の中でも遊んでいる子もいれば，ごはんを食べている子も，眠っている子もいます。そんな風景を見てもらいながら，こんな生活をしているんだということを伝えていました。

　一通り見て回ったあとは一緒に話をしながら，園が大事している理念や方針を伝えていきます。初めて子どもを預けるお母さんにとっては，後ろ髪を引かれる思いがあるのもよく分かるし，入園したら少しでも早く慣れてもらって，その子がその子らしく過ごしていけるように，私たちも心を尽くしたい——そうお話ししていました。

　保護者の方には園を選ぶ権利があるし，いくつも見た上で決められたらいいですよとも伝えていました。「この保育園に決めます」とすぐに言われる場合でも，何度も見学に来られる場合もあって，その過程はご家族によってさまざまです。

　入園が決まってからは，準備物や連絡簿のやりとりについてなど，具体的なことをお話しします。その中で，園と，家庭と，両方で一緒に子育てをしていきましょうねということを言っていました。

　初めての出会いの中では，園でどのような保育をしているのかを保護者に理解してもらうことが必要になります。保育のあり方は，園の理念はもちろんですが，それ以上に実際の保育や子どもたちの様子，一緒に話し合っている保育者自身から伝わっていくものでしょう。

　筆者（伊藤）は保育園から大学に移ってからも園を訪れて各クラスを観察することがありますが，人間の成長過程の縮図に触れるような思いがします。0歳児の赤ちゃんから，園のことは何でもよく分かっている頼もしい5歳児まで，この園では子どもがこう育っていくのだという過程が目に見えるようです。言うなれば，園のカリキュラムの具現化でもあります。0歳児から5歳児までを見通した園の「全体的な計画」は，書類の中だけでなく，子どもたちの姿の中にその実質を表すものだと言えるでしょう。

　乳幼児期を通して人間が育ち，育てられていくという仕事を，この園ではこう実践しているのだ——と言えばとても大きな話のようですが，園見学とはそんな営みの実際を，子どもたちが和やかに遊び，生活する何気ない日常の中から感じとってもらい，自分たちの家庭と重ね合わせながら，これからの見通しをもってもらう機会だと捉えることができます。

　入園以後の保育の中では，子ども・保護者との信頼関係や連携が重要になってきますが，そうした家庭との信頼関係を築いていく過程は，園見学の日から始まっています。園見学では，言葉から，保育の実際から，そして保育者自身の心から，「これからの乳幼児期をともに歩んでいきましょう」という思いを伝えることが大事なのではないかと思います。

（3）　入園期に関するこれまでの研究

　ここからは，いよいよ子どもたちが入園する時期について考えていきます。園生活の出発点となる入園期，それまでほぼ家庭の中で過ごしていた子どもたちは，園という集団の中での生活を新たに経験することになります。子どもたちにとっても，保護者にとっても，できるだけ無理なく安心して馴染んでいけるような配慮が必要です。

　入園期を論じた古典的文献としては，やはり先にも挙げた倉橋の「新入園児を迎えて」(1916) が挙げられます。倉橋は，子どもたちを一人ひとり尊厳をもった存在として迎えること，またそのことによって保育者自身の存在も新たにされること，家庭と園とは生活においても心においても一続きのものであること，保護者と連絡を取り合って育てる心をともにすることなど，入園期の保育のあり方の基本を端的に示しました。入園期に限らず，倉橋が示した人間的な保育の根本は，百年を経た今も変わらないように思われます。

　その後の保育研究において，入園期については，主として保育者の心構え，家庭との連携，環境整備の意義などが説かれてきましたが (堀合，1970)，園・保育者の配慮とその実際面を具体的に研究したものはほとんどないようです。入園期一般についての研究は，幼稚園への 3 歳児入園が広まる中で散見されるようになりましたが，それらも主として子どもの側の適応過程 (吉村・望月，1995；また保育園の入園期における適応過程については齋藤，2013)，母親の体験 (今井，2014) に着目するもので，保育のあり方についての研究はこれからの課題だと言えるでしょう。

　3 歳未満児の保育における入園期の実践においては，いわゆる「慣らし保育」が工夫されていますが，その実際に関する研究はまだ少ない状況です。その中で，白梅学園 (白梅保育園) で行われた先駆的な乳児保育の実践と研究は貴重なものだと言えるでしょう。親子登園の実践や，徐々に子どもの保育時間を延ばしていく日程表など，実践の概略が説明されています (北ら，1993；西ノ内，1994)。そうした枠組みを踏まえつつ，より具体的な実践についての研究を重ねていくことが必要だと思われます。

（4）　研究方法──入園期の実際を理解するために

　本章では，0 歳児の入園期における保育実践を具体的に見ていきます。どの年齢であれ，入園によって新しい生活が始まるときには配慮すべきことがたくさんありますが，もっとも早期である 0 歳児には，とくに繊細な心遣いが必要になります。ここでの観察から得られた理解は，年齢の違いを超えて，入園期

一般を考えるときにも一つの手がかりとなるでしょう。

　ここではとくに，一般的な方針だけでなく，実際面に着目しました。園生活に「慣れ」ていく過程は直線的に進むとは限りません。入園する子どもたちにも一人ひとり個性があり，保育のあり方も園によって異なるでしょう。親子で慣れていく期間をとるにしても，保護者の仕事の状況によっては祖母が連れてくる日や，子どもの体調によって休む日もあるかもしれません。さらに言えば園に馴染むとは，ただ長時間過ごせるようになることだけでなく，子どもたち・保護者の体験や感情の問題でもあるわけですから，その過程はきわめて多様な個別性をもっているとみるべきです。

　そうした多様性をもつ過程を見ていくために，筆者らは保育の観察とインタビューによる事例研究を行いました。研究を行ったのは，序章で紹介したＡ保育園です。筆者らはある年の４月から12月にかけて，Ａ保育園の０歳児クラスを毎週訪れ，保育場面を観察し，保護者・保育者へのインタビュー調査を行いました。この期間に，クラスでは19人の新入園がありましたが，そのうち８人の子どもの保護者から，エピソードや写真を用いる許可をいただき，研究の資料としています。本書ではこのほか，別の時期に行った観察研究からも，若干の資料・写真を加えて再構成しています。

　インタビューは筆者（伊藤）が担当しました。インタビューのために特別な場や質問項目を設定するのではなく，保育室の中に身を置きながら保護者とお話しすることで，この園での入園期を体験している今の思いを，自然な形でお聞きするようにしています。そのほうが，保護者も語りやすいようでした。

2　入園期の保育とその実際

（1）　Ａ保育園における入園期の保育

　まず，Ａ保育園での入園期の保育がどんなふうに行われているか，その実際を紹介します。Ａ保育園では入所日から２週間程度，慣らし保育を行っています。初日から保育園での生活に切り替えてしまうのではなく，徐々に保育時間

写真 1-1　保育室で保護者の話を聞く

を長くしていくというものです。最初の週は 1 ～ 2 時間から始めて，少しずつ保護者とともに園で過ごす時間を長くしていき，次の週は，子どもが保護者と離れて園で過ごす時間を，1 時間程度から始めて日ごとに長くしていきます。もちろん一律のペースとは限りません。子どもの体調や保護者の仕事の状況など，一人ひとりの子どもや家庭に応じて，柔軟な計画が立てられています。子どもと保護者が安心して入園期を過ごすための配慮です。その様子を，保育観察によって見てみましょう。

　写真 1-1 は，慣らし保育に訪れた保護者の話を，クラス担任の保育者が聴いているところです。話し合いは保育時間中に行われているので，子どもたちが遊んだり，保育者に甘えたりしている中でなされています。そのことがかえって保護者の心をほぐすことにもつながっています。また，実際にその子の様子を見ながら話し合うこともできます。

　写真 1-2 は眠たくなった子どもを母親が抱いている場面です。話し合うだけでなく，園で実際に生活する中で，保育者は親子をより具体的に理解することができます。子どもが甘えたいときはこんなふうにするんだな，眠くなった

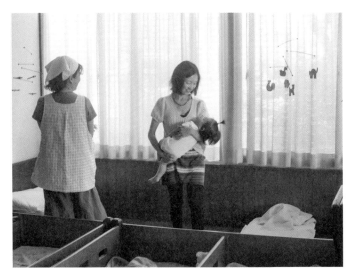

写真1-2　抱っこの親子とともに

らこんなふうに寝かせてもらうんだな……と見て，感じることで，その子をずっと育ててきた保護者から，その子に合った保育がどのようなものかを学び取っているとも言えるでしょう。子どもは，クラスで過ごす心地よさや遊びの楽しさを通じて園に親しむことができ，また保護者も，園の生活がどんなものか，担当の保育者がどんなふうに接してくれているのかなど，実感をもって知ることができます。

　食事も，すぐに園でのやり方に切り替えてしまうのではなく，最初のうちは保護者に食べさせてもらっていました。それによって保育者は，家庭ではこんなふうにしているということを実際的に理解し，その後の援助に生かしていきます。また，「今日どのくらい食べましたか」といった自然な会話が，子どもの生活への理解となり，これからの園生活につながっていきます。

　写真1-3・写真1-4は保護者が離乳食を食べさせている様子を保育者が見守っている場面です。**写真1-5**のようにクラスメイトも一緒に食事をしながら，ということもあります。親子が自然な形で過ごしている生活の場面を，担当の保育者が優しく見守っています。保育者も保護者も笑顔で，温かな雰囲気

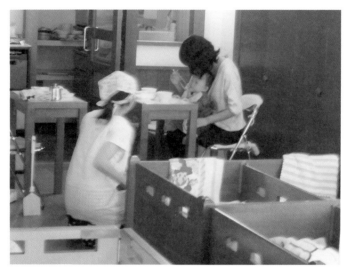

写真1-3　離乳食の様子を見守る保育者

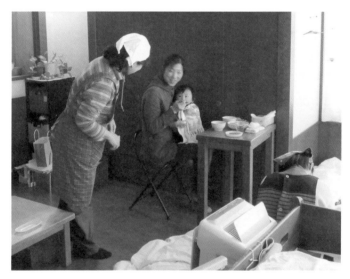

写真1-4　食事の様子を見守る保育者

写真 1 - 5　親子と一緒に食事

や子どもへの想いを共有しながら過ごしているようです。こうした時間を重ね
ていく中で，普段の生活の様子，その子はどんなふうに世話されるのを好んで
いるのか，子どもと保護者の個性や人となり，保護者にとって今気にかかって
いることなどを，身をもって知ることができます。

　園生活の中での理解に加えて，家庭での一週間の生活を記入してもらって，
日頃どういう生活リズムで過ごしているのかを聞き，それを踏まえた保育を行
うということもされていました。

　A保育園の園長は，慣らし保育の意義について，こう語っています。

　「入園するからといって，子どもと保護者をいきなり引き離すのは，どちら
にとっても苦痛なことになってしまう。子どもが園にいて安心することも大事
だし，また保護者にとっても保育者の動きや，クラスの他の子どもたちが分か
ることで，安心感が生まれる。保育者にとっても，子どもと保護者の様子がよ
く理解できるし，何をどんなふうに食べるのかなど，その子の個性や生活の具
体的な側面について知ることができる」。こうしたことが言葉だけでなく実際
に行われているのを，筆者らも保育観察の中で感じてきました。

　0歳児クラスには毎月のように子どもたちが入園してくるので，「連携が大変ですね」と問いかけると，担当の保育者は「どんな子が入ってくるのか楽しみです」と笑顔で答えてから，その都度保育を振り返りながら，つねに話し合い，連携を取り合っていると語っていました。その笑顔からは，新しい子どもたちとの出会いやクラスの変化にも，希望をもって対応することのできる園の柔軟性と，人間的な温かさを感じさせられます。変化をもちこたえることのできるクラスの安定感は，担当制による情緒的な絆にも支えられているようです（このことについては，担当制を扱う第2章でも述べます）。

（2）　子どもと保護者の体験

　このような入園期の保育を，子どもと保護者がどう体験しているかを知るために，保育観察に加えて保護者へのインタビューを行いました。その結果を，1）信頼関係，2）家庭に応じた柔軟な対応，3）家族とのかかわり，4）保護者どうし・子どもどうしの関係，5）保護者による保育理解，6）保護者自身についての洞察，の6項目にまとめます。

1）信頼関係

　どの保護者も共通に語っていたのは，園に対する信頼感でした。とくに，A保育園が「開かれた空間」であることが，その実感につながっていたようです。
　「保育の様子を見ながら先生と話せるので，安心して過ごすことができた」「他の子どもたちに接する様子も見ることができるので，先生方の優しさや温かさも分かり，信頼して子どもを預けることができる」「どうぞいつでも入ってきてくださいと言ってもらえた。保育園自体が開かれた空間なので，そのことでとても安心できる」など——園生活に徐々に慣れていけること，ありのままの園の保育を体感できること，生活をともにする中で信頼関係が築かれることは，どの保護者も意義あるものとして語られました。
　インタビューをもう少し詳しく見てみましょう。

語り1-1　人見知りのころ

　ある母親の子どもは，入園がちょうど人見知りの時期だった。

　「保育の様子を見ることができるのが，とてもいいと思う。徐々に段階を踏んでいけるので，園生活のことがよく分かる。ていねいにケアしてくださっているのも見ることができるし，子どもにとってもストレスが少ないんじゃないかと思う。園が閉ざされていない，開かれた空間であることが，とても安心する。昨日今日と，ちょっとずつ子どもと離れて過ごす時間を取り始めたところだが，心配が少し薄らいできた。ママ友ともよく話をするが，慣らし保育といっても，園によっていろいろに違うんだなと言っている」。

語り1-2　きょうだいの違い

　ある母親は，二人目の子どもが入園したところだった。

　「初めての子どもが入園したときは，それまで家で私とべったりだったから，離れるときは大泣きしたが，先生と遊んでいる姿を見るようになって安心できた。今度入園する下の子は，それとは違って誰にでもかかわっていく」。

語り1-3　三人目の入園

　三人目の子どもが入園した母親は，こう語っていた。

　「三人ともこの園に入園し，三人ともここで慣らし保育を経験した。一番思うことは，保育園が閉鎖的ではないということ。保護者が入ってくることについても，"いつでもどうぞ"と言ってくれる。"いつでも保育を見てもらっていいですよ，一緒に考えていきましょう"というところが，すごく開かれた保育園だと思う。自分も子どもと一緒に保育園に入ることで，園のことを信頼できるし，安心できる。園でどんなふうに生活しているのか，実際に見ることができるほうがいいと思う。三人目の子どもなので，園のこともよく分かっている。乳児クラスは担当制なので，私たちも担当の先生のことがよく分かり，親しんでいける。どんな保育をしているか——何か月の子ならこんなおもちゃで遊ばせてくれるんだなということも分かる」。

　どの保護者も，自分の子どもを預けるにあたっては，そこがどんなところか知りたいと思うものでしょう。このインタビューからも，園について実感をもって理解することが，園への信頼感につながっていることが分かります。「いつでも来てください」という呼びかけも，実際に日々園での時間をともにしているからこそ，実質あるものとして伝わるのでしょう。「開かれた空間」としての園は，こうした生活の実感を通して実現されているようです。

　インタビューからは，保護者が自分や自分の子どもへの対応だけを見ているわけではないことが見て取れます。保育の場に身を置けば，直接の対応ばかりでなく，言葉にしがたい場の雰囲気や，周辺のさまざまな状況や人々の様子も自然と目に入り，感じ取られるものです。語り1にも見られるように，保育者はその親子だけではなく，他の子のことも大切にしていますが，そんな様子もまた，園の保育への信頼につながっていくのだと言えるでしょう。「慣らし保育」のための特別な保育方法というだけでなく，日常の保育をていねいにしていること自体が，慣らし保育にも生きてくるのだと思われます。

　2）家庭に応じた柔軟な対応
　これまで述べてきたように，慣らし保育については，たとえば2週間ならその期間をどのように進めるのか，計画が立てられています。ただし，保育は家庭の生活とともにあるものなので，計画通りにはいかない場合も起こってきます。

観察1-1　慣らし保育中の母親とのやりとり

　保育者と母親が話し合っている。2週間の慣らし保育を予定していたが，母親の仕事の再開が予定より早くなったため，祖母の協力を得て，連絡を取り合いながら進めていくこととなった。保育者は子どもが慣れてきつつある様子を母親に伝えながら，母親の期待と不安を受け止め，「連絡帳にもしっかり書きますね」と話し合っていた。

　A保育園の慣らし保育では，さまざまな状況の変化にも配慮し，柔軟な対応がなされていました。保護者と子どもが離れて過ごす時間が増えていく過程で

は，保育者が子どもの様子を直接伝えることに加えて，連絡帳などのコミュニケーション手段も重要になってきます。観察1-1のように保護者と直接話し合うとき，連絡帳でのやりとりも大切にしていきましょうと伝えておき，直接・間接のコミュニケーション手段を築いていくことが必要でしょう。

　3）家族とのかかわり
　保育者は，子どもと一緒に登園する保護者を支えるだけでなく，家族全体ともかかわっています。

　語り1-4　　父親の言葉から
　母親とともに慣らし保育を進めている中で，ある日は父親も一緒に参加した。父親は，「うちの子はまだ伝い歩きをしているところなので，他の子と違っているのが少し心配だが，その子の発達にあった形で慣らし保育をしてもらえることはありがたいと思う」と言った。

　観察1-2　　母親への声かけ

　祖母も協力しながら慣らし保育を進めている家庭の母親が，子どもを迎えに来た。保育者から，「今日は自分から遊びに向かおうとしていました」と聞き，「よかった」と一言。園で食事が十分とれたかどうか気にかけているようだったので，保育者は「もしあまり食べられないようなことがあったら，おばあちゃんが来たときも連絡しておきますね」と話し合っていた。

　ある日は父親も一緒に登園したり，ある日は祖母が代わりにお迎えに来たり，折々の生活の事情によって，登園・降園にもさまざまな変化があります。保育者はそんな機会を通して，その子のまわりにいる，いろいろな人々とのかかわりを深めていきます。子どもの成長過程を支える人たちのコミュニティが，日々の保育へのかかわりを通して協力関係を築いていく――入園期とは，そうした過程の始まりでもあります。

４）保護者どうし・子どもどうしの関係

前項までは保育者との関係を取り上げてきましたが，それだけでなく，入園期には保護者どうし・子どもどうしの関係もまた深められていきます。

観察 1 - 3　保護者どうしの交流

> ある日の慣らし保育に子どもと両親が揃って参加したところ，他の子どもたちもその夫婦に懐いたり，一緒に遊んだりしはじめた。父親の膝の上に他の子どももちょこんと座り，あやしてもらっている。同じ時期に入園する子どもたちもいて，複数の家族が慣らし保育を始めているところだったが，母親たちの間で食事のことなどを教え合ったり相談したりして，保護者どうしの交流や親しみが自然と生まれていた。

写真 1 - 6 は，入園期の夫婦に他の子どもたちが懐いていき，保育者に抱っこされた子どもも興味をもって見ているところです。優しい大人が訪れたことで，子どもたちも自分から心を開いて集まってきたわけですが，保護者と子どもたちの関係も，自然で能動的なかかわりを通して深まっていくようです。この場面だけでなく，たとえばクラスの中で保護者にインタビューしている際にも，その保護者に懐いている他の子どもが遊びに来るので，あやしながらといった形になることがありました。

写真 1 - 7 は，慣らし保育に訪れた保護者に，クラスメイトの子どもがおもちゃを渡しにきたところです。子どもたちは，挨拶代わりに，好意のしるしに，こんなふうにおもちゃを持って来てくれることがよくあります。おかげで保護者も保育者も含めて，楽しい雰囲気が広がりました。自由で和やかな保育が展開されているクラスでは，0歳児クラスの子どもであっても，こんなふうに能動性を発揮して，人と人とをつないでくれることがあります。

入園期に限らず，送り迎えや行事など，園では日頃の触れ合いを通して，自然と保護者たち・子どもたちの関係が生まれ，それが互いを支え合う力となっていくものです。そこに子どもがいるだけで，親しみや楽しさが広がったり，あるいは一緒に子どもの世話をする中で，人と人とがつながれていったり――

写真1-6　保護者と親しむ子どもたち

写真1-7　子どもからのプレゼント

子どもたちはそんな場をつくり出す力をもっています。こんなふうに支え合う
コミュニティが育まれるのは，保育の中で子どもたちが自分らしく力を発揮し
て，楽しく和やかに暮らせているからだとも言えるでしょう。

5）保護者による保育理解

　すでに「信頼関係」の項でも，園の保育を理解することで保護者が安心できるようになることに触れました。実際，新しく園生活を始める上では，親子にとって知るべきことがたくさんあります。

> ### 語り1-5　初めての慣らし保育
>
> 　初めて入園する子どもの母親は「慣らし保育の間に，連絡の取り方など，いろいろ学ぶことができる」と語っていた。

　園生活の具体面については，プリントに書かれた言葉などよりも，そこに身を置くことで初めて理解できることが多くあります。着替えやおむつをどこに置くのか，朝の登園時に必要なことは何か，熱が出たらどんなふうに対応するのかなど，そこに通って実際に経験していくうちに，自然と生活の一部になっていきます。慣らし保育の日々は，そんな生活を段階的につくっていく助けにもなっているようです。

> ### 語り1-6　担当制での食事
>
> 　三人目の子どもが入園した母親は，「A保育園では，食事は一対一から始めてくれるし，2歳児クラスでも少人数で一緒に食べるので，安心できる」と語っていた。

　すでに上のきょうだいが入園していて，各年齢のクラスを見てきた保護者は，園の保育のことがよく分かっているようです。A保育園の3歳未満児クラスでは担当制の保育が行われているので，クラス全員が揃ってから「いただきます」をするのではなくて，それぞれの保育者が担当する子どもたちと少人数で食事をします。こうした担当制を通して，子どもたちの生活リズムを大切にしながらていねいにかかわっていることの意義を，園に通う中で実感してきたのでしょう。保育のあり方について，単にそういう流儀だということではなく，

何のために，どんな意義があってそうしているのか実感をもって理解できるなら，園と保護者の関係もより確かなものとなります。この保護者にとって三度目の入園期は，そうした保育の意義を改めて感じる機会ともなっています。

6）保護者自身についての洞察

　インタビューでは，自然と打ち解けた雰囲気で話し合う中で，保護者自身の思いや洞察も語られていました。

語り1-7　仕事の再開を前に

　第5子が入園し，これから仕事を始めようとしている母親は，こう語っていた。「仕事はお給料や時間のことよりも，自分のしたい仕事をするべきだなと感じる。このごろ子どもも，これから園では離れて過ごすんだなということを分かってきたようだ。園に一緒に通いながら慣らし保育ができることは，ありがたいと思う」。

語り1-8　子育てしながら働くということ

　初めての子どもが入園した母親が，夫婦で来ているとき，こんなふうに語っていた。「今までは子どもがいない状態で働いていた。今度からまた同じ職場に復帰するが，子どもがいる状態で働くということになるので，そういう生活に自分が慣れられるかということも少し心配している」。園での保育の話ばかりでなく，夫婦とインタビュアーとの間で，自然とこうした思いを共有する機会となった。

語り1-9　慣らし保育の時間の意味

　三人目の子どもが入園し，仕事への復帰を控えている母親は，こう語っていた。「家にいるときは，家事をしながら子どもを見る時間も多かった。園での慣らし保育の時間は，この子といられる確実な時間として，大切に過ごそうと思う。そのことで，かえって落ち着いて子どもと向き合える気がする。自分自

> 身にとっても，これから仕事に復帰するんだなという思いを新たにする，大事
> な時間になる」。

　入園期は子どもにとって大事な時期であると同時に，保護者のライフサイク
ルにとっても転機の一つとなります。こうした語りからも，入園期とは単に子
どもが園生活に慣れていくというだけではなく，家庭の生活も変化する時期で
あり，とくに母親にとっては復職など，自分自身のキャリアに大きくかかわる
ことでもあることが分かります。慣らし保育の間にも，子どもへの思い，これ
からのキャリア，働く者として生活をつくっていくことなど，保護者は自分自
身の生き方の問題を抱えています。

　慣らし保育を行うことは，園がそんな保護者の思いを支えたり，分かち合っ
たり，大切にできるような場となることにもつながっています。保護者の生き
方の問題について，直接に「支援」したり介入したりするのとはちょっと違い
ますが，園がそうした思いや考えを深める場，ともに育ちゆく場となっている
ことは事実です。その事実を実感するとき，子どもや保護者への出会い方も，
より人間的なものになっていくのではないかと思います。

3　入園期に大切にしたいこと

　0歳児の入園期を観察し，保護者にインタビューすることから，さまざまな
示唆が得られました。これらをまとめると，とくに「開かれた空間が生み出す
信頼関係」と，「保育に対する全人的な視野」が重要であるように思えます。
慣らし保育における実際的な対応については，園によっても状況によってもさ
まざまな形がありえますが，その基本を考える上では，この二つが手がかりに
なります。研究を振り返り，筆者自身の保育経験も踏まえながら，入園期に大
切にしたいことについて考えてみましょう。

（1）　開かれた空間が生み出す信頼関係

　新しい親子を園に迎えるとき，園という場が「開かれた空間」となっていることは大事なことです。どの保護者も，入園期のさまざまなことを「ゆっくり，一緒にできる」ことと，園が「開かれている」ことへの信頼は共通していました。保育者ももちろん，「新しい心をもって」温かく迎えたいものですが，慣らし保育に時間をかけること，親しみやすい環境を整えること，さらには子どもと保護者を含めた園というコミュニティに，互いを受け入れる風土が根付いていることも大切でしょう。

　園が「開かれている」ということは，たとえば情報が十分に提供されているといったことにも関係しますが，それ以上に，体験や人間的な触れ合いを通して実感されていくものです。子どもたちが遊んだり，食べたり，何気ないあたりまえの生活を日々ともにする中で，子どもも保護者も園が自分たちに開かれ，迎え入れられているのだという信頼が培われていきます。

　0歳児クラスは年間を通して，変化の大きいクラスです。4月時点は子ども数人から始まったクラスが，途中入園を受け入れながら賑やかになっていきます。「慣らし保育」とは，入園する子どもと保護者のためになされるものですが，同時にクラスの側も，新しいメンバーを受け入れ，開かれていく過程なのだとも考えられます。保育者のインタビューにも示されているように，新しい子どもたちを喜んで迎えることのできる保育者の心と環境準備が，クラスを育てていく支えとなります。

　倉橋の「新入園児を迎えて」では，新入園児が園に慣れることだけでなく，保育者自身も新しく子どもに出会って変容していくという，相互性の観点が示されていました。それと同じように，新たなメンバーを迎えることで，保育者も，他の子どもと保護者も含めて，クラスというコミュニティが成熟していくのだとみることができます。指導案などにはあまり書かれないことではありますが，新しい人を迎え入れながら成熟していくということは，0歳児クラスにとっての重要なカリキュラムの一部だとさえ言えるかもしれません。

（2）　保育に対する全人的な視野

　ここで言う「全人的」とは，個々の能力の発達や保育方法の直接的効果など
を超えて，人間を全体的な広い視野から捉えることを意味しています。入園期
についても，具体的な技術や，子ども・保護者の園適応といった個別の問題に
焦点化するだけでなく，より広く人間的な捉え方をすることで，保育が豊かに
されるのではないかと思います。

　たとえば登園時の朝の用意がスムーズにいっているのか，子どもの「泣き」
がどう収まっていくのか――そうした問題も一つひとつ大事なことです。けれ
ども，保護者の語りからも示唆されるように，入園というできごとは個別の問
題への対処といった次元を超えて，子どもにとって，保護者にとって，ライフ
サイクルの転機にもかかわるものです。「問題」への対処を超えて，子どもに
も保護者にも，人と人として出会うとき，私たちはそうした全人的な次元に共
感をもって触れることができるでしょう。

　加えて言えば，保育研究にも同じことが言えます。「慣らし保育の実践方法」
だけに焦点化して観察やインタビューを行っていては，それ以外の人間的な次
元は視野に入らなかったかもしれません。インタビュアーとしては，自らの保
育経験を踏まえつつ，クラスの中に自然と溶け込み，保護者に共感と敬意をも
って耳を傾けたつもりです。子どもたちとのかかわりや，保護者との自然な会
話の中からは，保育技術を超えた，人としての入園の体験や，新しい生活を築
いていく過程をうかがうことができました。保育も，保育に関する研究も，何
気ない生活の一場面，人としての親しい交わりの中に，理論によっては尽くす
ことのできない大切な発見が得られるように思います。

（3）　慣らし保育の経験から

　本章の最後に，入園期の保育を全体的に捉えるために，筆者自身の保育者と
しての経験を振り返ってみたいと思います。

省察1-2　保育者としての経験から

　保育者として勤めていた園でも慣らし保育を行っていましたが，その形態はいろいろでした。私たちの市では2週間前から入園期間をとることができます。その期間，お母さんと子どもが一緒に保育の中に入る場合もあるし，お母さんは一緒ではないけれども子どもが園で過ごす時間を少しずつ延ばしていく場合もありました。家庭の事情によってはそういう期間もとれなくて，お母さんが病気になったので明日から一日中保育を，ということもありました。保育者は家庭のさまざまな状況を受け止めながら，それぞれに対応していきます。

　初めて入園するとき，今までずっと一緒だった家族と離れた環境で過ごすことになって，子どもは不安なことでしょう。その子が少しでも泣かずに過ごせる時間がもてたらいいなと思っていました。0歳児なら，まだ「お母さん！」とは言えなかったりしますが，泣いていないときでも，おうちのことを思ってるんだなという表情があります。

　こんなとき，その子が何か心惹かれるもの，好きなものがあるかもしれないから，いろいろなもので誘いかけてみました。子どもたちは動くものに興味があるので，ボールや車をそっと転がしてみたり，またずっと部屋の中にいるのではなく，おんぶやだっこで外を散歩して，"はっぱがあるね"などと話してみたり……。

　園ではなかなか食べられない，という子どももいます。食べるとは，受け入れるということでもあるのでしょう。それでも，遊びでも，生活の中でも，その子を大切にしてかかわっていくうちに，子どもの中に自分から食べようという気持ちが起こってきます。

　入園期はとくに，子どもも一生懸命だし，保護者も子どものことを心配しているので，お迎えの際には"今日は園でこんなふうにしていましたよ"といったことをいつも伝えていました。園で保護者とともに過ごしている場合は，子どものことを語り合いながら保育ができるので，一緒にいろいろな話をしながらその子の成長やその子への思いを分かち合うことができました。

　そんな日々を重ねる中で，子どもと保育者の間にも愛着関係が育まれていきます。それが可能になるのは，保育者の側に子どもへの思いがあってこそではないでしょうか。また愛着関係にしても，すべてが親子の間だけのものというのでなく，ちょっと家庭の外にいる誰かが入ることにも意味があるのではない

かと思います。そのことで，育児に対する安心感が生まれたりもするし，子どもをみんなが見ていく，一緒に育てていくことで，子ども時代が豊かになっていくのではないかと思います。

　とは言え，慣らし保育に2週間かけさえすればスムーズに移行できるかというと，そうとも限りません。その子によって，園生活に馴染むまでどれだけかかるかは違っています。人見知りの激しい10か月ごろに入園するよりも，もう少し遅いか早いかすれば，いくらか慣れやすいかもしれませんが，そうかといって人見知り前なら誰をも受け入れられてすぐ慣れるというわけでもありません。0歳の子どもたちも，家とは違うところに来ていることはよく分かっていると思います。保育者との愛着関係ができてくれば，今度はその先生が少し離れただけでも後追いするようにもなるし……。いつの入園であっても，簡単ということはありません。

　そんな入園期の保育にあたる中で，保育者はやはり最善を尽くすべきなのだと思います。"いつかは子どもも慣れるだろう"というのは，違う気がします。子どもたちには，"あなたのことを本当に思っているよ"ということを伝えたいと思うし，その子が少しでも泣かずに，遊んで，食べて，寝るというあたりまえの生活をしてくれたらと願って，できることを一生懸命にしていく，そういうことだと思います。

　保育者の子どもへの思いは，日々の生活を通して伝わっていきます。慣らし保育の時期を経て，いよいよ園生活が本格的に始まっても，そのことは変わらないでしょう。次章では，思いをもって一人ひとりを大切にする，乳児期の生活について考えていきます。

第2章

保育の中の生活と援助
──担当制の保育実践──

　今我等は，新しき子供を迎えた。一団の新入園児を迎えたの
でもなく，一組の新入学生を迎えたのでもない。我等の迎えた
ものは，その一人ひとりである。……
　幼きが故に，一人の尊厳に，一毫のかわりもない。

──倉橋惣三「一人の尊厳」

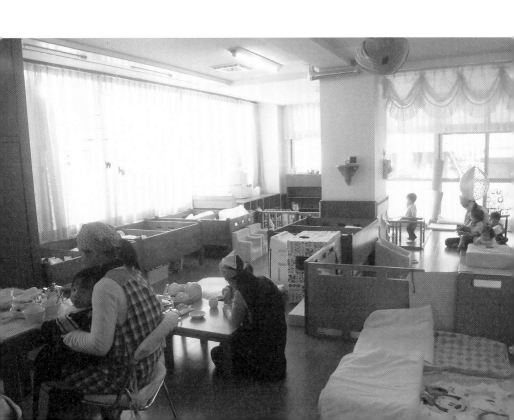

　　　　　　　　乳幼児期の保育実践は，食べる，眠る，排泄するといった，
　　　　　　生活の基本的な営みと不可分なものです。一つひとつの生活の
　　　　　　営みを，子どもたちの育ちに沿って援助する中で，子どもと保
　　　　　　育者との信頼関係も一層深まります。
　　　　　　　こうしたかかわりを大切にする保育方法の一つに，担当制が
　　　　　　あります。一人ひとりを大切にするという担当制の本質を踏ま
　　　　　　えながら，その具体的な実践を見ていきましょう。

1　一人ひとりを大切にする保育

（1）　0・1・2歳児の生活と援助を考える

　子どもたちを尊厳あるものとして迎えるべきだという「一人の尊厳」（倉橋，
1965）は，倉橋惣三の思想を象徴するものとしてよく知られています。保育者
は集団を一律に「動かす」のではなく，子どもたちを一人ひとり自分自身の感
情や意思をもった存在として，敬意をもって接するべきことを説いたものです。

　人間の尊厳についてケア倫理の立場からは，こんな指摘がなされています。
尊厳の感覚とは論理で説明し尽くせるものではなく，互いにケアしケアされる
という本源的な経験を通して養われていくものです。それによってこそ自立し，
他者を尊重できる人が育つのだと言います（葛生，2011，p. 74）。こうしたケア
の営みの出発点は乳幼児期にあることを考えると，保育実践とは，人間の基盤
を支える尊い営みだと言えるでしょう。

　人間の根本にかかわる仕事と言えば重大なことですが，その一つひとつをと
ってみれば，遊ぶ，食べる，眠るなど，あたりまえの生活を通して行われるも
のです。笑ったり，泣いたり，日々生活をともにする中で，ケアする保育者と

の温かなかかわりが積み重ねられていきます。

　乳幼児期の子どもたちは，ケアを必要とする存在です。日々目覚ましい成長を遂げていく3歳未満児の場合は，その子の個性はもちろんのこと，わずかの月齢差によっても発達の違いが大きいだけに，一人ひとりをていねいに見て，受け止めて，心を通わせる個別的なかかわりが一層重要になってきます。もちろん，保育の中では遊びの場面など，「一人とも，みんなとも」かかわることが大切なことも多くあります。一方，生活の場面では，たとえばおむつを替えるときのように，一対一でのていねいなかかわりが不可欠なことが多くあります。遊びの場面でのかかわりについては次章以降で扱うこととして，本章では3歳未満児の保育における生活と援助を見ていきましょう。

　子どもたちとの信頼関係は，生活の営みを通して培われるものでもあります。3歳未満児では，おむつから始まって自分自身でできるようになるまで，排泄も日々重要な行為です。うまく排泄できたと言っては「見て！」と喜び，パンツをはかせようとすればうれしそうに逃げ回る……排泄をめぐっての子どもとのかかわりについて，津守房江[3]はこんなふうに記しています。

　　一人の子どもが自分でうまく排泄ができるようになるには，パンツをぬがせたり，励ましていっしょにお便所にいったり，出たといってはいっしょに喜んだり，パンツをはかせようと追いかけたり，何と手の掛かることであろう。しかしその中で，子どもは実に大切なことを学んでいる。それは，愛され，存在するに値する自分自身についてである。〔中略〕子どもを育てるものの，日々の努力と忍耐と，また，それを上まわるような楽しさによって，子どもの中に人間存在の基礎が築かれつつあることを思うと励まされる思いがする（津守房江，1984，pp. 125-126）。

---

[3]　津守房江（1930-2016）　保育学者・心理学者の津守眞の妻として，ともに保育を研究し，愛育養護学校をはじめとする現場での保育実践に携わった。保育の経験に基づく人間学的な洞察をまとめた著書に，『育てるものの日』（1984），『はぐくむ生活』（2001）などがある。

　乳幼児期の生活の援助という営みがもつ重みも，そして喜びも，この言葉に込められているような気がします。これに対して，残念ながら世の中には，おむつを替えたり鼻を拭いたりするような乳幼児の生活のケアは，何か次元の低い仕事だとみなす偏見がまだ残っているようです。こうした偏見について，乳児期の保育における関係性を重視する立場からは，こんな指摘があります。

> 「鼻を拭くこと」は，知的・専門職的・愛のあるケア的かかわりとは対極にある表面的な仕事と思われているので，「誰にでも」できると考えられている。しかし幼い子どもたちにとって，それは事実とはまったくの正反対である。Goldstein（1998）が指摘するように，「子どもをケアするということは，情緒と知性の両方を要する行為である。だからこそ，乳幼児期のカリキュラムの正当な基礎をなしているのである」（Page, 2018, p. 132）。

　ここに示されているように，おむつを替えたり，鼻を拭いたりすることこそ，誰にでもできたりはしない，大切な仕事なのです。いつもと違う人がおむつを替えようとすると，子どもがそう簡単に身を任せたりせずに，泣いたりして抵抗することはよくあります。子どもたちはずいぶん早くから，自分の体がプライベートなものであって，他人に勝手にコントロールされるものではないことを感じているのでしょう。そんな子どもたちの生活を援助し，育んでいく上では，繊細でこまやかなかかわりが求められます。それは知性と感性，そして自ら身体を労することを要する，大変高度な仕事です。保育計画や指導技術ばかりが「保育者の専門性」なのではなくて，人生の最早期にある子どもたちと，生活の中でていねいなかかわりを積み重ねていけることこそ，重要な専門性だと言えるでしょう。

　先に引用したのはイギリスの保育研究ですが，イギリスでは一人ひとりの子どもと家庭に特定の保育者が責任をもってかかわる「キー・パーソン・アプローチ」がとられています（Elfer et al., 2012）。一人ひとりを大切にする保育が一層意義あるものと認められ，その実践と研究が進められているのが，国際的な流れです。現在のところキー・パーソン・アプローチでは，クラス形態が日

本と異なることもあって，主として子どもとの関係性や家庭への心理的配慮が論じられているようです。これに対して，日本における担当制の保育では，子どもたちと信頼関係を築くことはもちろんですが，一人ひとりを大切にした生活の援助をクラス集団の中で進めていく実践が積み重ねられてきています。本章では，担当制の保育実践を通して，3歳未満児の生活と援助について考えていくこととします。

（2）　担当制の保育とは

担当制の具体的な実践方法はさまざまですが，一人ひとりに担当の保育者がいて，安定した信頼関係を築いていくとともに，それぞれの生活リズムが大切にされていることは共通しています。担当制の保育を取り入れている園はまだ多いとは言えませんが，とくに3歳未満児の保育をていねいに進めていく上で，注目を集めているところです。たとえば「保育所保育指針解説」にも，「緩やかな担当制の中で，特定の保育士等が子どもとゆったりとした関わりをもち，情緒的な絆を深められるよう指導計画を作成する」べきだと述べられています（厚生労働省，2018，p. 43）。ここで言われているように，子どもが仲間や他の保育者とかかわりをもちつつも，とくに生活場面などでは特定の保育者が安定したかかわりをもつことで情緒的な信頼関係を築いていく実践を指して，「緩やかな担当制」「育児担当制」といった用語が使われることがあります。

乳幼児期の子どもたちが心身ともに育っていく上では，特定の大人との愛着関係が重要であることはよく知られています。この愛着理論が保育に示唆するところとして，①子どもの情緒発達と学びを支える質の高い保育的かかわりや，②特定の大人との間に時間をかけて関係が築かれていくことが重要だとされています（Page et al., 2013）。

担当制の保育は，子どもたちが必要とする安定した信頼関係を築くためになされています。担当制をとらない保育の場合は，たとえばクラスに三人の保育者がいれば，日によってそれぞれ役割を変えながら，その三人がどの子のことも見ていくのが一般的です。これに対して担当制の保育では，登園・降園，食

事，排泄，睡眠といった生活の基本的な部分の援助について，特定の保育者が
かかわることによって，一人ひとりの子どもとの信頼関係がより安定した形で
築けるわけです。

　しばしば誤解されがちな点ですが，子どもが担当の保育者としかかかわらな
いわけではありません。保育者は生活や家庭との連携など，一人ひとり責任を
もってかかわります。一方遊びの場面では，子どもたちは友達や保育者とも十
分にかかわっています。特定の保育者との信頼関係は，他を排除するものでは
なく，むしろまわりの人とのかかわりを安心して広げていくための基礎となる
ものです。誤解の背景には個と集団，「一対一の信頼関係」と「信頼によって
結ばれるコミュニティ」とを対立するものであるかのように捉える先入観があ
るのかもしれません。実際にはその反対に，どちらも互いの基礎をなしている
のであり，充実した保育の中にはその両方が実現されているものでしょう。

　このような誤解はほかにもあるようですが，担当制を正当に理解するために
は，やはり実際の保育を見たり体験したりすることが有用です。本章で担当制
の実際を見ていくことが，より実態に即した理解につながることと思います。

　「担当制の保育」と言われるものも，その内実はさまざまです。ときに，保
育者が特定のコーナーを担当することを「担当制」と呼んでいる現場もあるよ
うですが，先に保育所保育指針解説との関連でも触れたように，特定の保育者
との情緒的な絆を築くという本来の目的からすれば，こうしたコーナー担当は
子どもたち一人ひとりよりも場所との関係を優先しているわけで，用語法とし
ては本末転倒の観があります。そうした根本的な違いはともかく，情緒的な関
係性を重視する担当制においても，子どもたちや家庭の状況，保育園の環境や
保育者のありようによって，実際の保育は変わってきます。阿部（2007）は二
つの園における担当制のあり方を観察・比較し，グループのつくり方，各グ
ループの食事の際の準備，グループの動線など，生活の基本的な部分でもそれ
ぞれに違いがあることを報告しています。現場の保育者による実践例（森本・
刀祢，2003；大沢，1994）では，担当保育士による「一人ひとりの子どもの実態
把握」が強調され，子どもの情緒的な安定をはかるための人間関係のあり方が

重んじられていますが，こうしたかかわりを支える生活環境については，あまり言及されていないようです。これに対してハンガリーの保育を日本で取り入れた実践では，保育士とのかかわりが深まることももちろんのことながら，食事，排泄，手洗いなどの生活の基本的な面で大きな変化があったことが報告されています（サライ，2014）。これらの文献を踏まえると，担当制を実践するには，情緒的なかかわりに支えられた上で，保育の中で一人ひとりを大切にする生活をどう具体的につくっていくかという視点が重要だと言えるでしょう。

　担当制については榊原・今井（2006）による概説や，北ら（1993），セチェイ・ヘルミナ（1999）にも言及があり，各年齢における生活リズムやグループ設定などについての一般的な考え方が示されています。担当制における生活についてより具体的な側面を論じたものとしては，コダーイ芸術教育研究所（2006）が挙げられます。

　こうした文献や議論を踏まえる一方で，実践を考える上ではすでに述べたように，子どもたちや各園の状況を踏まえて，その園なりの工夫をしていくことが必要です。担当制の「あるべき姿」を論じるだけでなく，その園の個性を生かした具体化のありようを詳細に見ていくことも重要だと考えられます。

2　担当制の保育とその実際

　ここでは主としてA保育園で年間を通して行った観察研究に基づき，担当制の実際を紹介していきます。A保育園では早くから担当制の保育に取り組んでおり，すでに20年以上の実践を重ね，安定した保育がなされています。最初に，A保育園における担当制の枠組みを概観し，次に具体的な生活の場面・遊びの場面，1年を終えて進級を控えた移行期について，写真や資料をもとに見てみましょう。

　観察研究は主として0歳児クラスで行い，保育者にも話を聞きました。0歳児クラスでの観察では，担当制の基礎的な部分を把握することができるので，他の年齢における担当制を理解する手がかりとなるでしょう。その上で，本章

では一部，1歳児クラスから得られた資料を必要に応じて紹介します。

（1）　一人ひとりの生活リズムを支える連携

　0歳児クラスでは，産休・育休明けなどを機に，年間を通じて入園児があり，少しずつクラスが大きくなっていきます（第1章参照）。一人ひとり，月齢によって発達に大きな差があるのも0歳児クラスの特徴です。睡眠，授乳など，生活リズムもそれぞれに異なっています。一人ひとりの発達や生活リズムに対応するために，A保育園では「個人日課表」を作成しています。クラスの子どもそれぞれについて，担当・副担当の保育者，基本的な生活リズムを記載したものです。年度初めの入園ばかりでなく，途中入園が多く，次第にクラスが大きくなっていくのも0歳児クラスの特徴です。そのため，新入園児ごとに，また子どもたちの発達に合わせて，日課表も改めて作成されます。

　担当の保育者に加えて，副担当の保育者も置かれています。保育園は長時間開園しているため，シフトを組んで保育にあたっています。主担当の保育者に加えて副担当の保育者を置くことで，シフトに対応しつつも安定した体制をとっています。次に，日課表例を挙げます。

　図2-1はある年の7月時点での日課表です。クラス全員の子どもたちについて，睡眠，目覚め，授乳・食事，排泄など，家庭から続いている一日の生活リズムを把握し，それぞれ担当・副担当の保育者を示しています。この日課表は，入園期に保護者の話をよく聞いて作成しています（第1章参照）。また，その際に保護者に一週間の生活状況（目覚め，食事，遊び，お昼寝など）についての表を記入してもらうことで，家庭でのリズムと連続したものとしています。この時期，クラスの子どもたちは6人でした。

　この日課表に沿って，それぞれの保育者の動きも表にしています。各保育者が担当している子どもたちとどのようにかかわるのか，一日の保育の流れを示したものです。

　図2-2は，図2-1に示した7月時点での，保育者の動きを示しています。担当の子どもたちそれぞれの生活リズムを大切にしながら，担当と副担当など，

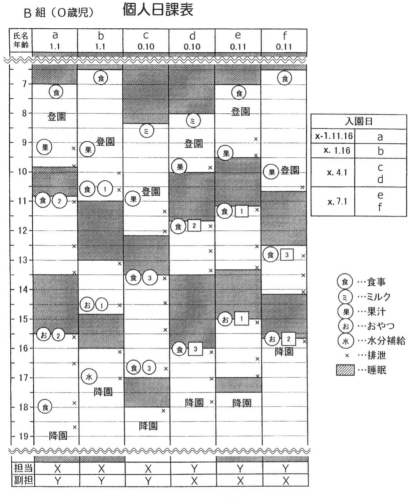

図2-1　個人日課表の例

同じクラスの保育者どうしの連携も織り込まれています。

　もちろんこうした保育の流れは，時刻通り機械的に実施されるわけではなく，状況の変化を踏まえて柔軟に対応していく大まかな枠組みとして用意されています。日課表はクラスの保育者どうしが話し合って作成しているので，保育の

大人の動き　　　　　　　　　　　　　　　B組（0歳児）

時刻	Y	X	Z（補助）
7			
8	○出勤 ○受け入れ準備 ○室内で遊びを見守る		
9	○担当児を排泄に誘う（ e ） ○連絡簿に目を通す ○副担当児の排泄、果汁を飲ませる（ a ） ○副担当児に果汁を飲ませる（ b ） ○担当児の排泄、果汁、睡眠（ e ）	○出勤 ○室内で遊びを見守る ○担当児の排泄、睡眠に誘う（ a ）	
10	○担当児の排泄、果汁、睡眠（ d ） ○担当児に果汁を飲ませる（ f ） ○食事準備	○担当児の排泄、戸外に出る（ b ） ○担当児を入室させる（ b ） ○排泄・食事（ b ） ○担当児に果汁を飲ませる（ c ）	○出勤 ○室内で遊びを見守る
11	○担当児を排泄に誘う（ f ） ○排泄・食事（ e ）	○排泄・食事（ a ） ○担当児を排泄に誘う（ c ）	
12	○排泄・食事（ d ）	○コットを敷く（ d ） ○担当児の排泄、睡眠に誘う（ c ）	
	←　交代で食事・休憩　→		
	○排泄・食事（ f ） ○睡眠に誘う（ f ） ○担当児を排泄に誘う（ e ） ○担当児を排泄に誘う（ d ）	○担当児を排泄に誘う（ a ）	○退室
13	○話し合い ○担当児の排泄、睡眠に誘う（ e ） ○担当児の排泄、睡眠に誘う（ d ） ○担当児を排泄に誘う（ f ）	○担当児を排泄に誘う（ b ） ○担当児の排泄、睡眠に誘う（ a ） ○排泄・食事（ c ）	
14	○担当児の排泄、睡眠に誘う（ f ）	○担当児を排泄に誘う（ c ） ○排泄・おやつ（ b ） ○担当児を睡眠に誘う（ b ）	
15	○排泄・おやつ（ e ）	○担当児を排泄に誘う（ c ） ○排泄・おやつ（ a ）	
16	○排泄・おやつ（ f ） ○部屋の掃除 ○排泄・食事（ d ） ○担当児を排泄に誘う（ e ）	○担当児を排泄に誘う（ b ） ○担当児を排泄に誘う（ a ） ○排泄・食事（ c ）睡眠に誘う ○副担当児の排泄、睡眠に誘う（ e ） ○残っている子を排泄に誘う	
17	退　勤		

保育経験年数（0歳児保育経験年数）　　Y … 10.3ヵ月（7.3ヵ年）
　　　　　　　　　　　　　　　　　　X … 0.3ヵ月（0.3ヵ年）

図2-2　保育者の動き

流れについて保育者が共通理解をもつことにも自然とつながっています。

　これらの表は，デイリープログラムをより詳細にした，もっともミクロな次元での保育計画と捉えることができます。保育計画は，保育者の考えだけで作り出されるものではありません。子どもの実際の姿やニーズを取り入れ，それに基づいて作成される計画のあり方を，ここに見ることができるでしょう（保育計画については，第8章でも論じます）。

　クラスの人数が増えてくると，それに応じて担当・副担当の保育者も加わります。個人日課表も子どもたちの欄が増えて大きくなり，大人の動きも再検討されて，一日の流れが新たにつくられます。日課表はずっと固定しているのではなく，クラスが大きくなり，状況が変化するごとに，随時見直されていくものです。このようにして家庭から保育園へ，保育園から家庭への，生活の連続性が大切にされています。

（2）　生活場面での援助

　生活場面で担当の保育者は，子どもたち一人ひとりの発達やその日の健康状態に応じて，こまやかな援助を行っています。3歳未満児の生活場面では，一人ひとりへの対応でなければならないこと，複数の子どもに一斉にというわけにはいかないことが多くあります。おむつ交換がその例です。またとくに0歳児クラスでの授乳・離乳食など，子どもが幼いほど一対一の対応が必要になってきます。担当制の保育では，食事，排泄，睡眠などを，子どもたち全員に一斉にさせるのではなく，それぞれの子どもが「流れる日課」の中で体験できるようにしています。

　「流れる日課」とは，一人ひとりの子どもが一日の生活を自然な流れで送ることのできる保育を表しています。保育者の側が子どもを集団で動かすことによって保育を「流す」のとは違います。食事，排泄，睡眠など，保育者の側が決めた時間に一斉にする保育では，子どもの生活リズムとは違ったところで生活の流れが区切られ，自分がケアされる順番を待つ時間も出てきます。これとは逆に担当制の保育では，一人ひとりの子どもにとって自然な生活を保障する

写真2-1　0歳児・おむつ交換

ために，一日の流れがつくられています。

1）0歳児クラスでの援助

　担当の保育者が，生活場面での援助をどのように行っているか，写真で見て
みましょう。午前中の保育の中で，おむつ交換から手を洗って食事，午睡へと
続くひとつながりの流れです（**写真2-1～写真2-4**）。

　排泄・おむつ交換の後の手洗い，食事から午睡まで，同じ保育者が一貫して
かかわっている様子を見ることができます。こうした場面で保育者は，単に
「生活習慣」を指導しているわけではありません。この場面からは，微笑みと
ともに見つめ合い，手洗いや食事など子どもが自分自身でやってみたいという
思いを大切にしながら寄り添い，やがては健やかな眠りにつくまで温かく見守
る，保育者の姿勢や子どもとの関係性が伝わってきます。

2）1歳児クラスでの援助

　1歳児クラスの生活場面でも，担当の保育者との安定した関係が重要なこと
は変わりませんが，子どもたちの成長に沿った変化が見られます。

　写真2-5は1歳児の排泄後の手洗いの場面です。保育者が自分もやってみ

写真 2-2　0歳児・手洗い

写真 2-3　0歳児・食事

写真2−4　　0歳児・午睡の前に

せて手洗いの仕方を伝え，子どもも一つひとつ，自分自身でやっているところ
です。あとで保育者にインタビューしたところでは，こうした生活場面での保
育は「大人と子どもの共同作業」だと語っていました。ともに楽しみながら
日々くりかえしていく中で，子どもたちは自分自身の生活を身につけていきま
す。

　写真2−6は1歳児の食事場面です。生活リズムが共通している子どもたち
を同じ保育者が担当して，テーブルを囲んでいます。子どもたち自身もできる
ことが増えてくるので，0歳児から1歳児にかけて，こうして一緒に食べる仲
間が広がっていきます。

　一対一を超えて複数になっても，保育者は一人ひとりの食事の量や食べる
ペースの違い，この時期に日々上手になっていくスプーンの使い方，清潔な環
境などに配慮しながら，どの子も食事を楽しめるように援助を行っています。

　子どもたちの成長につれて，食事場面だけでなくさまざまな生活場面で，一
対一を超えて複数・集団で一緒にすることが増えてきますが，そのときも保育
者は一人ひとりの子どもにていねいにかかわりながら，集団のつながりをも育
んでいます。

写真 2 - 5　　1歳児・手洗い

写真 2 - 6　　1歳児・食事

写真2-7　0歳児の担当制（クラス全体の様子）

3）クラス全体の様子

　写真2-7は，0歳児クラス全体の様子です（本章の扉にも同様の写真を挙げています）。担当制の生活場面の特徴が読み取れる写真です。全員が同じことをするのではなく，食事，睡眠，排泄といったことが，それぞれの子どもの状況や発達に応じて，同じ部屋の中で進んでいくのが分かります。食事一つとっても，保育者の膝の上で食べさせてもらっている子もいれば，もう自分で座れるようになっていてテーブルについている子もいて（写真中央手前で，保育者に介助してもらっています），それぞれの発達に合わせた保育がなされています。

　こうした発達の違いを踏まえると，とくに0歳児の場合は一斉に「いただきます」をするようなことは難しいことが分かるでしょう。配膳を待っている間に手づかみで食べ始めたり，朝が早い子と遅い子では空腹度も違っていて食事に気持ちが向いたり向かわなかったりと，保育者もかえって忙しく対応しなければならなくなります。生活リズムの違いからもう眠くなっている子どもの場合は，無理に食べさせると誤嚥など命にかかわる危険性も出てきます。そのため，担当制ではない園であっても，ある程度グループを分けていることが多いようです。生活場面を一斉にするのではなく，一人ひとりに応じた保育を行うことで，かえってクラス全体にも落ち着いた雰囲気や穏やかな調和が生まれる

写真 2-8　　1歳児の担当制（クラス全体の様子）

ことが，上の場面からも感じられます。

　一人ひとりへの対応がなされているからといって，子どもの人間関係が担当
の保育者だけに限られるわけではありません。写真2-7では二組の子どもと
保育者が向かい合って食事をしています（写真1-5にも同様の光景が見られます）。
保育は密室で行われているわけではないので，一人ひとりが和やかに生活でき
ているのを，互いに感じ合えることが分かります。

　写真2-8は1歳児クラス全体を捉えたものです。手前には二つのテーブル
があり，保育者が担当の子どもたちの食事にかかわっています。部屋の窓側で
は他の子どもたちが自由に遊び，そこにも保育者がいて子どもたちを見守り，
援助しています。生活リズムによって子どもたちの食事時間も異なるので，後
で食べる子どもたちはこの時間は自分たちの遊びを続けています。

　担当制のクラスでは，さまざまなことが同時進行していることが分かりまし
た。一人ひとりを大切にしつつ，全体を把握することは，どんな保育形態でも
重要なことですが，担当制の場合，それはどんなふうになされているでしょうか。

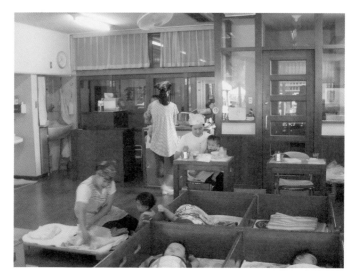

写真2-9　0歳児・全体を把握する

　写真2-9は0歳児クラスの様子です。中央で食事の援助にあたっている保育者は，クラスのリーダーでもあります。先に食べた子たちは午睡に入りつつあるところですが，リーダーの保育者はそれが見える位置にいて，クラス全体の様子を把握しながら，担当の子どもの援助にあたっていることが分かります。

　写真2-10も0歳児クラスで，手前にいる保育者は遊んでいる子どもたちに応えているところです。奥にいる保育者はベッドで眠る子どもを優しく撫でながら，遊んでいる子どもたちと保育者の様子も温かく見守っています。保育者が互いに気にかけあって，担当以外の子どもたちを含めてクラス全体の把握に努めていることが分かります。基本的に複数担任となる3歳未満児クラスでは，保育者たちはいつも保育について話し合い，日課表のような計画面でも協働して，さまざまな連携をとっています。そうした連携は，形となって表れる部分だけでなく，日々の何気ないやりとりや共同作業，交わし合うまなざしによって支えられていることを思わされます。

写真2-10　　0歳児・クラス内でのさりげない連携

（3）　遊びの場面

　保育の中で，自由感のある遊びや，子どもたちから生まれる遊びが重要な意
義をもつことについては序章でも示した通りです。A保育園でも，子どもたち
の自由な遊びを基本としながら，数人で，あるいはクラスみんなでできる活動
も取り入れ，子どもたちの主体性を生かしながらさまざまな体験や関係がもて
るような配慮がなされています。

　生活場面についてA保育園では，担当の保育者が子どもの援助を一貫して行
いますが，遊びの場面では担当の子どもだけではなく，どの子ともかかわって
います。生活の中で担当の保育者に支えられて安心感をもつことのできた子ど
もは，自分から人やものとのかかわりを広げていくので，どの子とも，どの保
育者とも遊ぶようになるのは自然なことです。また，1・2歳になっても一対
一に近い形での生活援助が必要な場面があります。そのとき他の子どもたちは，
ただ並んで待たされているのではなくて，自分自身の遊びを楽しむことができ
ます。こうした遊びの場面では，担当の子どもだけにかかわるのではなく，他

写真2-11　0歳児・その子とも，みんなとも

の保育者と連携しながら，状況に即した対応が行われています。

　自由保育は，放任とは異なるものです。子どもたちの自由な遊びをよく見て，理解し，かかわることが重要です。遊び場面での援助について，詳しくは次章以降で見ていきますが，ここでは担当制における遊びを考える手がかりとなる場面を取り上げてみましょう。

　写真2-11は，保育者が女の子と向かい合って手をつなぎ，わらべうたを楽しんでいるところです。少し幼い女の子は，保育者の膝に抱っこされて安らぎながら，その様子を見て，響きを聴いて，楽しんでいます。保育者は同時に，押し箱に入って遊んでいる男の子の様子も気にかけながら，微笑み合っていました。

　ここでは，保育者が一人ひとりを大切にしてかかわりながら，子どもたちを親しみや楽しさによってつないでいる様子を見ることができます。一人ひとりを大切にする保育とは，排他的な一対一関係を意味するわけではありません。実際の保育を見てみると，目の前の子どもを大事にすることは，同時に他の子どもたちを大事にすることとつながった形で行われていることが分かります。

そうしたかかわりの中で，子どもどうしのつながりも深まっていきます。

語り2-1　**遊びの場面で大切にしていること**

　遊び場面でのかかわりについて，保育者が何を大切にしているかを尋ねてみました。
　「遊びに気持ちが向かうように，その子の気持ちをどんなふうに引き出していくかを考えるようにしている」
　「アイコンタクトやスキンシップ，表情や目の動きなど，言葉だけでなく，それを超えて伝わるものを大事にしている」

　子どもとの信頼関係や，それを築いていく保育者のこまやかな援助とかかわりは，単に担当制の保育方法を取り入れるだけで可能になるわけではありません。子どもたちをよく見る目をもち，子どもたちの思いを受け止めて応える力，すなわち乳幼児期の子どもたちとこまやかにかかわる実践知をもつことが必要になるでしょう。実践知は，テキストやマニュアルによって身につけられるものではありませんが，自ら体験すること，優れた保育者のかかわりを見て，その語りを聴いて触発されることによって学ぶことができます。

（4）　クラスとしての成長

　担当制の保育を見ていく中で，個と集団をどう捉えるかという問題にも触れてきました。ここでは，クラスとしての成長について考えます。

1）クラスが大きくなるとき

　0歳児クラスは，年間を通して少しずつ入園があり，クラスが大きくなっていくのが特徴です。クラスが大きくなるときは，子どもたち一人ひとりにとっても，クラスという集団にとっても，心の揺れが体験されるときでもあり，また成長の機会でもあります。

語り2-2　　保育者の連携

　年間を通して0歳児クラスを観察していると，毎月のように子どもたちが新しく入園してくる。そのたびに保育者は，子どもや家族と信頼関係を築いていくが，保育者のチームも人数が増えて大きくなってくる。
　「いろいろと連携が大変ですね」と問いかけると，保育者は「どんな子が入ってくるか，楽しみです」と笑顔で言った。その上で，保育を振り返ってつねに話し合い，保育者どうしの連携を大事にしていると答えていた。

　新入園児を楽しみに迎える保育者の笑顔からは，子どもたちとの出会いや，これから起こってくるさまざまな変化にも，希望をもって応えることができる柔軟性と，人間的な温かさを感じさせられました。実際に，筆者らが年間を通して観察していても，子どもたちに安定感がありました。

　0歳児クラスが新入園児を迎えるとき，初めて保護者と離れて過ごす生活の変化や，人見知りの始まりなどもあって，入園する子自身も，受け入れるクラスの子どもたちも，泣いたり混乱したりということがあります。そうした波乱によって，それまで築いてきたクラスの安定が後戻りしてしまうといったことも起きかねません。しかしこの園ではむしろ，新しくやってきた親子に，クラスの子が0歳児ながらに親しみをもって近づき，受け入れている場面が見られました（その具体例は，第1章にも示しています）。このようなクラスの安定は，保育者が子どもたちをしっかり受け止め，また担当制の保育による情緒的な絆と自然な生活リズムのもとで支えられているからこそではないかと考えられます。

　　2）次のクラスに向けて

　0歳児クラスでの年度が終わると，子どもたちは1歳児クラスへと進級することになります。これも一つの「移行期」です。入園・卒業といった大きなライフイベントとは少し違っていますが，子どもたちにとっては環境も，人も変わり，心揺らされることが多い時期です。

写真2-12　次のクラスに向けて

　A保育園の0歳児クラスでは，年度末の3月ごろ，担当の保育者と子どもたちが一緒に次のクラスに入って，遊ぶ時間をもっていました（**写真2-12**）。第1章では家庭から園生活への移行期と慣らし保育の実際を取り上げましたが，0歳児クラスの子どもたちが次のクラスで少しずつ暮らしてみる体験も，クラスを移る際の一種の「慣らし保育」としての意義をもっていると言えるでしょう。

　進級のころは，うれしい気持ちも不安な気持ちもあって，心がさまざまに揺れるときです。そんな時期を，準備抜きの突然の変化としてではなく，担当の保育者とともに自然な移行の時期としていければ，子どもたちも安心して育っていくことができるでしょう。

（5）　担当制の意義──一人ひとりを大切にするために

　0歳児クラスにおける担当制について，年間を通しての観察に基づいてその実際を見てきました。担当制をとっていない園から見れば，特殊で難しい方法のように見えるかもしれません。しかし，A保育園で観察を続けてみると，子どもたちが安定することによって，かえって保育もスムーズに行われていることを感じます。新入園が続く0歳児クラスでも，子どもたちの不安や泣きがい

つまでも続いたりせずに，落ち着いた保育が展開されていました。食事や睡眠も子どもたちの生活リズムが尊重されているので，眠気や空腹をがまんさせて何かをさせるようなことがなく，和やかな保育が行われていました。

　担当制を経験したことのない園で，新たに担当制を取り入れる際には，さまざまな抵抗もあるようです。保育という生活のルーティンを変えることは，自分自身の生活を振り返ってみれば分かるように，抵抗を感じることもあるでしょう。担当制の意義の一つには，子どもを中心に生活をつくっていくということが挙げられるのではないかと思います。ある意味ではコペルニクス的な転回の体験を要するかもしれませんが，大人中心の枠組みで生活を組み立てるよりも，先に述べたように，結局は一人ひとりの子どもを尊重する生活のほうが，保育がスムーズになっていくのだと思います。

　担当制，あるいは一人ひとりを大切にする保育については，それが保育者に過重な負担を強いるものだという誤解も耳にすることがあります。すでに述べたように，子どもを尊重する保育は，保育者と子ども双方の負担を軽減します。もちろん，保育者の労働条件を改善していくことは喫緊の課題です。同じように，保育者が自らの保育を深めていくことも，それに劣らぬ重要な課題です。「最低基準を前提として，その範囲内でしか保育のあり方は研究できない」と自らの思考を縛るよりも，どちらの改善にも取り組むことが必要なのではないかと思います。実際に，最低基準を独自に改善している自治体もあります。本章でも取り上げたように，保育者が日々行っている仕事の意義や，専門職にしかできないこまやかな配慮のあり方を明らかにしていくことは，そうした基準の改善を求めるためにも必要な研究だと考えています。

　「一人ひとりを大切にする保育」では，集団としての育ちが排除されるという誤解もあるようです。これまで述べてきたように，一人ひとりを大切にした保育がなされるときには，子どもたちどうしの関係も深まっていきます。「個か集団か，どちらかしかない」と考える必要はありません。子どもたちの集まる保育の場では，個も集団も大切にし合うのが自然な姿だと思います。個も集団も大切にする保育は，たしかに保育者にとっての永遠の課題ではありますが，

その実際については，本書の全体を通して，とくに第Ⅱ部で遊びの保育を取り上げる中でも考えていきます。

　担当制の保育を実践する上では，個々の保育方法だけでなく，「一人ひとりを大切にする保育」という本質を忘れてはならないでしょう。これまでも触れてきたことですが，担当制の形式面よりも，保育者がどう子どもたちを受け止めて，実際にかかわることができているかが大事です。担当制の本来の意義は，保育の方法や仕組み以前に，保育者の心がその子の心とつながることにあります。これまで示してきた担当制の実際的側面も，単なる方法としてそのまま取り入れるのではなく，子どもたち一人ひとりが本当に大切にされていると感じられる保育を実現していくための手がかりだと捉えたいと思います。

遊びと環境・保育者の援助

第3章

乳児保育における遊び
──観察研究について──

保育者は自ら身体を動かし，子どもと接触し，また見聞きして，多くの素材を結び合わせ，子どもの全体の姿をとらえる。
──津守眞「幼児の観察研究──反省と出発」
（『子ども学のはじまり』）

　　　　　　　　第Ⅱ部では，筆者らが継続して行った観察研究をもとに，
　　　　　　　0・1・2歳児クラスの保育における遊びについて考えていき
　　　　　　　ます。筆者らは0歳児クラスから2歳児クラスまでの成長を追
　　　　　　　いながら，「応答する観察者」として，子どもたちの遊びの世
　　　　　　　界を見つめてきました。
　　　　　　　　本書における観察研究の方法論については序章に示しました
　　　　　　　が，ここでは，この時期の遊びを観察する際の筆者らの視点に
　　　　　　　ついて述べます。

1　これまでの研究と実践

　遊び場面の保育では，保育環境と，保育者のかかわりの両方が重要です。と
くに0・1・2歳児クラスでは発達の差が大きいため，それにふさわしい環境
や遊具を工夫することが必要になります。また，そうした環境に支えられて，
子どもたちが自分から遊ぶ気持ちを大切にできるようなかかわりが，保育者に
は求められます。

　こうした0・1・2歳児保育の実際を具体的に扱った研究論文は，まだ数少
ない状況です。保育者へのアンケートやインタビューを行った研究（阿部，
2002；杉山ら，2014）は，今の保育現場でどのような環境やかかわりが目指され
ているかを把握する上で有用です。ただ，その把握は相当に言語化されたレベ
ルのものになるため，観察研究のように，言葉では捉えがたい実践的側面を扱
うことも必要と言えるでしょう。

　0歳児クラスの観察研究に，汐見稔幸ら（2012）によるものが挙げられます。
観察開始時点では，このクラスは「間仕切りのない単一空間の部屋」であり，
自由遊びの時間には「保育者が押入棚からおもちゃ等を取り出して部屋の中央

付近にばらまき」，そこに子どもたちが集まって遊ぶ状態でした（汐見ら，2012，p. 66）。この状態を変えて，いくつかの遊びのコーナーを作っていくにつれて，乳児の行動には「落ち着き，集中し，じっくり」とした変化が生じたことを「データ化して示した」（汐見ら，2012，p. 73）と言います。

　この観察事例では，以前は「自由遊び」の時間であっても何を使って遊ぶかは保育者が決めていたわけですから，環境構成を変えて多様な資源を用意し，子どもがより自由に部屋を探索し，能動的に遊びを選択できるようにしたことは，保育にとっても子どもの育ちにとっても意義のあることが分かります。

　上記のような乳児保育に関する研究論文が増えてきたのは比較的最近のことですが，一方で保育者たちはそれ以前から，より進んだ形での実践と研究を積み重ねてきました。その例として，乳児保育の実践を早くから続けてきた白梅学園（白梅保育園）にかかわる北郁子ら（1993），米山・渡辺（1997）や，実践者・研究者らの協働による秋葉・白石（2001），榊原・今井（2006），白梅保育園にも影響を与えてきたコダーイ芸術教育研究所（2006）を挙げることができます。これら乳児保育の先駆者たちは，空間のつくり方だけでなく，さまざまな遊具やそれらの配置の工夫，そして保育者のかかわり方についても，実践に基づく提案を行っています。

　ただ，これらの実践書では「こうするのが望ましい」という提案とその意義が包括的に述べられていることが多く，それを保育の中で具体化するのはそれぞれの保育者に任せられているとも言えます。そこで本書では，こうした実践を行っている園での保育観察を通して，子どもの遊びや，保育者のかかわりを具体的に見ていく事例研究を行います。ある園の実践を詳しく見ることは，それをマニュアル的に模倣するためではなく，そこに流れる保育のあり方・考え方に触れることを通して，自分自身の保育を創造する手がかりとなるでしょう。

2　言葉を超えて知るということ

　事例を見ていく際には，言葉を超えた側面を質的に捉えていくことが必要で

す。先に挙げた北ら（1993）は 0 歳児の遊び環境を考える上で，言葉を超えた「雰囲気」を感じとることが重要だと述べています。

　　雰囲気というと何か漠然としてとらえにくい感じがしますが，人それぞれにも雰囲気があって，顔，形，身につけている衣服，物腰，個性，心の持ち方でその人なりの雰囲気を作り出しています。
　　また，ある保育所なりクラスを見学した際，建物全体やそこで働く人々のものの考え方，態度ふるまい，子どもたちの様子，活動の中身などの人間性からくる印象もひっくるめて"いい雰囲気"とか"雰囲気がない""温かい雰囲気""ガサガサして落ち着きのない雰囲気"などの感想を持ちます。このように保育室にもいわば"顔"があって，良くも悪くもいろいろの雰囲気が作られます。〔中略〕
　　雰囲気というとき，ビジュアルな目に見えるものと，その背後に隠れている保育観（理念や理想とすること）によって雰囲気はつくられるものだという捉え方も大切に思えます（北ら，1993，pp. 246-247）。

　保育室を訪れるときには，子どもたちや保育者の様子，空間の構成や用意された遊具や調度などの環境を通して，保育の「雰囲気」を感じとることができます。その「雰囲気」は，保育観の反映でもあることが指摘されています。実際，言葉にされなくても，子どもたちは保育者が何を思っているのか，どんな姿勢で自分に向き合っているのか，よく感じとっているものです。言葉でかかげられた「保育理念」以上に，雰囲気がその園の保育観を語ることもあるでしょう。そうした雰囲気に包まれて，子どもたちは育っていきます。
　本書で紹介する写真からも，目に見える保育の工夫と同時に，そこに流れる保育の実質を感じとっていただければと思います。

3　継続的な関与観察について

　第Ⅱ部（第4章〜第7章）では，A保育園での継続的な観察から，0・1・2歳児クラスの遊びと環境，保育者の援助を取り上げます。前章で紹介したよう

に，A保育園では担当制による自由で和やかな保育が展開されています。

　この観察は，3年間にわたって継続してきたものです。0歳児クラスの子ど
もたちが大きくなり，1歳児，2歳児クラスに進級する過程を追ってきました。
もちろん同じ子どもたちばかりではなく，1歳児，2歳児から入園する子ども
たちもおり，保育者の配置にも変化がありますが，一つの集団を3年間かけて
見守ってきたと言ってもいいでしょう。

　序章でも述べたように，筆者らは子どもたちと触れ合う中での関与観察を行
ってきました。子どもたちに求められて一緒に遊ぶことも多くあります。「見
て！」と呼びかけられながら，その姿をずっと見守ってきました。子どもたち
と親しく過ごした日々の中で，筆者（伊藤）が保育者として生きてきた経験も
相まって，「保育者の目」に近い観察を行うことができたのではないかと思い
ます。子どもを離れたところから見る「客観的」観察とは違って，むしろ「応
答する観察者」としての役割をとることが多かったように思います。観察にお
いては，本章の冒頭に挙げた津守眞（1979）の言葉にもあるように，自らのさ
まざまな感覚を働かせながら，子どもたちの姿を捉えてきました。その際には，
その子たちと出会ってきた体験も自然と重なり合ってきます。そんな観察の中
から，子どもたちの遊びの世界に触れられた場面，そうした遊びを支える環境
と保育者のあり方を感じさせられた場面を，以下に取り上げていきます。

　次に第4章から第6章にかけて，0・1・2歳児クラスの保育における遊び
と環境を見ていきます。子どもの遊びは多様に広がるものなので，あまり細か
く分類するよりも，観察から得られた実際の様子を挙げていくことで，その実
際をつかんでいただければと思います。年齢が上がるにつれてまとまった活動
の機会も増えてきますが，今回の観察研究ではそのもととなる「子どもから生
まれる遊び」を中心に取り上げています。各章では，最初に子どもたちの遊び
を触発する環境と，その中で展開されている遊びの様子を，そして，それを支
える保育者のかかわりを捉えた場面を示し，第7章で第Ⅱ部の観察全体に関す
る考察を行います。

第4章

0歳児クラスの遊びと
環境・保育者の援助

教育の前に，先ず子どもに引きつけられてこそ，子どもへ即くというものである。子どもにとってうれしい人とは，こういう先生をいうのであろう。

　　　　　　　　　　　——倉橋惣三「ひきつけられて」

　　　　0歳児クラスでは，日々目覚ましい成長を遂げていく子ども
　　　たちにふさわしい環境が必要です。また，この時期にはとくに，
　　　言葉を超えて子どもを理解しかかわることが求められます。個
　　　別の対応が重要になる時期であると同時に，園では子どもたち
　　　どうしの関係も育まれていきます。
　　　　「一人とも，みんなとも」は保育者にとって永遠の課題です
　　　が，0歳児クラスでそれがどう実践されているのかについても，
　　　具体的に見ていきましょう。

1　　0歳児クラスの遊びと環境

（1）　室内の環境と遊具

　本章からは第3章で示した枠組みに沿って，保育の中の遊びと環境の観察事
例を挙げていきます。

観察4-1　発達に応じた遊具

　0歳児クラスでは，子どもたちの発達や興味に応じたさまざまな遊具（おも
ちゃ）や素材が用意されています（**写真4-1a, 1b**）。このころの子どもたちは，
ものを入れたり出したりすることに興味をもち，穴が空いた遊具にチェーンリ
ングを入れるなどして，一心に遊び込んでいます。積んだり，崩したり，転が
したりできる積み木や車，ボールなどもよく使われており，鏡に映る自分の姿
にも興味津々です。手作りの遊具も数多くあり，布やその他の素材を貼りつけ
るなど，いろいろな感触を楽しむことができます。
　子どもたちが自由に手に取って遊べるような配慮もなされていました。遊具
は，子どもがすぐに手が届く高さの棚などに用意されています。わざわざ扉を

写真 4 - 1a　0 歳児クラスの遊具

写真 4 - 1b　0 歳児・遊具を使って遊ぶ様子

開けて取り出す必要もなく，大きな引き出しにしまわれていて大人に取っても
らわないと遊べないというようなこともありません。多様で魅力的な遊具が視
界に入ることで，子どもから生まれる遊びや主体的な発見を促しています。
　子どもたちは 0 歳児クラスにいる間に，ハイハイからやがて立ち上がり，歩

写真 4 -1c　立ち上がって使える遊具

けるようになっていきます。このクラスでは立ち上がれるようになった子のた
めに，壁を利用して，子どもの目線に合ったところに遊具が取り付けられてい
ました。**写真 4 - 1c** では，女の子が透明なチューブにチェーンリングを落とし
てみたり，拾ったりして楽しんでいます。入れたり出したりの遊びをよりダイ
ナミックに楽しめるのと同時に，立ったり，しゃがんだり，この時期にふさわ
しい運動発達も促されています。

観察 4 - 2 　同じ遊具を使って

　　木製トンネルのところで子どもたちが遊んでいる（**写真 4 - 2**）。女の子はト
　ンネルを這ってくぐり，男の子はトンネルを支えにして立ち上がり，女の子を
　見つけた。その様子を先生が見守っている。

　トンネルの側面は柵になっているので，かくれんぼのような気持ちもありつ

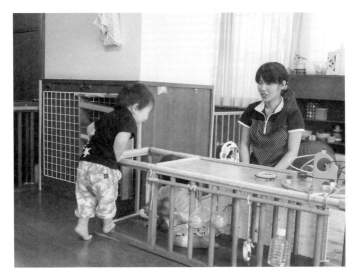

写真4-2　0歳児・木製トンネルを使って

つ，互いに笑顔を交わすこともできます。上面にはいくつか遊具も取り付けられていて，子どもたちが立ち上がって遊ぶのに適しています。

　同じ一つの遊具でも，楽しみ方はその子によって，そのときどきによって異なってきます。遊具とは，決められた一つの楽しみ方しかないのではなく，子どもたちの個性によってさまざまに生かされるものであることが見てとれます。

観察4-3　這う，立つ，歩く……その子に合わせて

　0歳児は，這う，立つ，歩くなど，移動運動の発達が著しい時期です。そのため，外遊びをするのももちろんですが，室内でも運動遊びができる環境が用意されています（写真4-3）。ここでは色とりどりのクッション巧技台が組み合わされて，段差の上り下りといったチャレンジも存分に楽しむことができます。まだ歩けない子は，這って乗り越えることもできます。楽しみ方は，その子によっていろいろです。こうした巧技台の構成にも，時期によって変化がありました。保育者は子どもたちの発達状況に合わせて，柔軟に環境構成を変化させています。

写真 4 - 3　0歳児・クッション巧技台を組み合わせて

観察 4 - 4 　室内の空間構成の変化

　0歳児クラスは，年度初めの4月には少人数で始まり，時が経つにつれて入園する子どもたちが増えて，少しずつ大きなクラスになっていく。誕生日や入園の時期によって月齢に差があるため，0歳児クラスの場合はとくに，発達に大きな違いが出てくる。

　写真 4 - 4a, 4b はいずれも，子どもたちが次々と入園してきた秋，主に低月齢の子どもたちがゆったりと遊べる空間をつくるために，間仕切りを工夫したところです。畳の上で，子どもたちが自分に合ったペースで，ハイハイをすることができます。間仕切りは壁のようなものではなく，木製トンネルを活用しているので，外からと中からで互いを見通すこともできるし，両側からトンネルで遊ぶことを通して親しむこともできます。

（2）戸外遊びの環境

観察 4 - 5 　0歳児の戸外遊び

　戸外遊びも積極的に行われている。まだ歩けないころには，散歩カーなどで外の空気を楽しんでいるが，歩けるようになれば園庭での遊びも広がる。とくに年度の後半には園庭で遊ぶ子どもたちが増えてきた。

写真4−4a　低月齢の子どもたちのための空間

写真4−4b　木製トンネルによる空間の仕切り

写真 4 - 5　　0 歳児・立ち砂場で

　写真 4 - 5 は冬になり，歩けるようになった子どもたちが，園庭の立ち砂場で遊んでいるところです。テーブルのような形で砂がすくいやすくなっています。砂を容器に入れたり，出したり，感触を楽しんだりする中で，食器を並べることもできるので，ごっこ遊びの芽生えにもつながっていきます。通常の砂場にしゃがんで砂を掘るといった動作は，まだこのクラスでは難しいので，子どもたちの背丈に合った高さで自然に砂と戯れることのできる立ち砂場は，0・1 歳児クラスを中心によく活用されています。

観察 4 - 6　　遊びの空間を広げる（空間構成の変化）

　観察 4 - 5 と同じころ，このクラスでは新しい試みとして，テラスの外に小園庭のような空間をつくっていました。0 歳児クラスの子どもたちは普段からテラスに出て，外の雰囲気と穏やかな光の中で遊んでいます。園庭で遊んでいる大きな子どもたちも，赤ちゃんのことが大好きなので，よく集まってきては親しむ様子が見られました。そのテラスから，さらに園庭に空間を広げたのが**写真 4 - 6a** の小園庭です。

　ベンチを活用した仕切りのおかげで，大きな子どもたちのダイナミックな遊

写真4－6a　テラスの外に小園庭を作る

写真4－6b　ベンチを活用した砂遊び

びとは違った0歳児らしい遊びが展開できます。低いベンチなので，空間を仕
切っていても大きな子どもたちとの交流が生まれます。砂遊びにはベンチの上
も活用されていました（**写真4－6b**）。

（3）　観察のまとめ

　保育環境とは，固定されたものではなく，生きて変化するものだと言えるでしょう。遊具の種類だけでなく，室内であれ戸外であれ，空間そのものも，ときに応じて構成し直されていきます（観察4-4，観察4-6）。同じ遊具であっても，子どもたちの力によってさまざまに生かされることについて述べてきました（観察4-2）。保育者はそんな子どもたちの楽しみを共有し，そのときどきの発達の状況をつかむことによって，環境を変化させていきますが，そこには前年までにはないチャレンジもありました（観察4-6）。ここには，育ちゆく子どもたちの力と，発達を見る目をもった保育者の力が相まってつくられ，変化していく保育環境を見ることができます。

2　遊びを支える保育者のかかわり

（1）　個と集団へのかかわり

　0歳児は発達の違いも大きく，一人ひとりへの配慮がとくに重要になる時期です。同時に，保育者は複数の子どもたちの援助にあたっており，子どもたちどうしの親しみやかかわりも増えていく時期でもあります。

　一人ひとりを大切にする保育と，クラスという集団における保育が，実際にどう両立しているのかを念頭に置きながら，保育者のかかわりを取り上げます。

観察4-7　安らぎの空間

　保育者のまわりで，6・8・10か月の子どもたちが遊んでいる（写真4-7）。月齢も発達も異なる三人の0歳児がそれぞれに楽しめるような環境と援助のあり方を見ることができる。

　一番幼い子は保育者の膝に抱っこされながら，ペットボトルのガラガラを手にして遊んでいる。つかまり立ちができ始めた子は，チェーンリングを箱型の手作り遊具の中に入れたり出したりするのを試している。大きなクッションのソファに座っている子は，いろいろな遊具を自分から手に取っている。そこで

写真4-7　0歳児・くつろいだ雰囲気の中で

　は，寝ころんだり，這ったりするのも自由にできて，あたりはくつろいだ雰囲気をたたえた安らぎの空間となっていた。
　　保育者は三人の子どもそれぞれに，笑顔とまなざしを向けて語りかけている。子どもたちは，年長児のように一緒に何かをして遊ぶというわけではないが，互いに関心をもって見つめたり，声や音をも聞いたりして，ともに楽しむ時間と空間を共有している。

　　0歳児クラスの遊び場面は，「何かを一斉にさせる」のとは違っています。子どもたちの発達も，興味・関心もさまざまで，一つのことに集中が続くとは限らない時期なので，いろいろなものを試してみることのできる環境が適しています。右端の棚のように，子どもが自分自身で手に取りやすい形で遊具が用意されているのはそのためです。たとえば棚が高いところにある場合や，ふたがしてあって保育者に開けてもらわないといけない場合とは違って，子どもが自分の興味に従って，主体的に遊ぶことができます。
　　ソファのように自由にくつろぐことのできる場所も，子どもたちは気に入っ

ています。家庭での０歳児の生活といえば，眠ったり，起きたり，食べたり，遊んだり，かわいがられたり……そんな０歳児らしい暮らしが園でも自然にできるためには，くつろいだ空間をつくることは大切だと言えるでしょう。

　そのくつろいだ雰囲気は，保育者がどの子のことも心にかけて見守る中で醸成されています。保育者のまなざしに支えられて子どもたちが楽しむとき，お互いへの関心も自然と生まれてきます。一人ひとりを大切にする保育が，同時に子どもたちどうしの心をもつなぐものであることが，見てとれるようです。

観察 4 - 8　広がる楽しさ

> 　手作り遊具のまわりで遊んでいるうちに，子どもたちが互いにくっついて遊び始めた。保育者はその楽しさに思わず笑顔になる。まだ月齢の幼い子は，まわりの楽しげな様子を見ながら，保育者の膝の上で落ち着いている（**写真 4 - 8**）。

　０歳児クラスにも，子どもたちどうしがかかわって遊ぶ姿はよく見られます。大きい子たちの「ルールのある遊び」のような形ではありませんが，お互いの遊びに興味をもってかかわったり，じゃれ合ったりなど，子どもどうしの関係は早い時期から芽生えています。

　第３章では保育の「雰囲気」の大切さについて触れましたが，それは保育者

写真 4 - 8　０歳児・じゃれ合って遊ぶ

ばかりでなく，子どもたち自身の力によっても生み出されています。この場面では，子どもたちがじゃれ合って遊ぶ楽しさがまわりに広がっていき，保育者も自然と笑顔になっていました。雰囲気は保育観を映し出すものだと述べましたが，その雰囲気をつくり出す上では，子どもたち自身の力も大きいと言えるでしょう。生き生きと遊び，懸命に生きている子どもたちの姿や，それを支える保育のあり方が相まって，保育の雰囲気となって感じられるのだと思います。

　そんな子どもたちの様子に，保育者も思わず笑顔になっていました。倉橋惣三は，子どもたちの思いに「ひきつけられて」生まれる，保育者の自然な感情や応答の意義を示しています（倉橋，1934a）。保育者は，もちろん意図的な働きかけもさまざまに行っていますが，知らず知らずのうちに生まれてくる人間的な心の動きも，とくに言葉を超えてかかわることの多い0歳児との応答的関係においては，重要なものだと思います。

観察 4 - 9　一人とも，みんなとも

　　わらべうたを歌いかける保育者の膝や足の上に，子どもたちが集っている（**写真 4 - 9**）。穏やかなわらべうたに包まれながら，ある子は保育者と差し向かいだったり，ある子は同じ向きで座ったり，保育者や友達の足を触ってじゃれるのを楽しむ子もいる。

写真 4 - 9　0歳児・わらべうた

　体ごと触れ合う体験も，遊び環境の一つとなっているようです。子どもたちは，わらべうたの柔らかい響きに包まれながら，落ち着いた楽しみを味わっています。わらべうたの楽しみ方，保育者との触れ合い方は，子どもによってそれぞれですが，一人ひとりが好きなやり方で楽しんでいると同時に，みんなの楽しみが一つにつながっているのが見てとれます。

　一つの遊びであっても，子どもたちはそれぞれ個性的なやり方で楽しんでいます。それでいてバラバラではなく，やはりどこかで心がつながって，一緒に楽しんでいるのです。これまで取り上げてきた場面にも共通することですが，遊具も，保育者も，一度に一人の子どもの心しか満たせなかったり，決まった遊びしか与えられなかったりというわけではありません。一つの遊具，一人の保育者も，一人ひとりの能動性・創造性に応えることができ，そこで生まれる楽しさが，複数の子どもをつないでいきます。個と集団は，単純な対立関係にあるのではなく，保育とはその両方を結びつけていくものです。

（2）　保育者の姿勢

　保育者は立って子どもを見下ろすのではなく，子どもの目線に立つことが大事だとよく言われます。0歳児クラスでは，その姿勢は保育者の動きの中に表れるようです。

観察 4 -10　遊びの中で一緒に動く

> 　木製トンネルに目をとめた子どもが，自分からその中に入っていこうとする。その思いに気づいた保育者は，自分も子どもと同じような姿勢で，這って進む楽しさを共有する（**写真 4 -10**）。

　保育にとって，子どもたちへの共感は，欠くことのできない大切なものです。0歳児への共感は，言葉によって伝えられるだけではなく，写真 4 -10のように一緒に動く身体的な次元によってもなされることが分かります。とくに意識して「動きを使って伝えよう」と思っているわけではないでしょう。ことさら

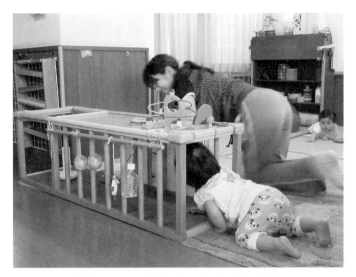

写真4-10　0歳児・トンネルを一緒に進む

に意図をもって計画的・作為的にしなくても，子どもの思いに応えるうちに，保育者にも自然な動きが引き出され，心がつながるのだと思います。

　木製トンネルについては観察4-2でも取り上げましたが，閉ざされた空間ではないので，子どもと保育者が目線を交わし合いながら遊ぶことができます。環境と関係性は別々のものではなく，遊び環境が保育者とのかかわりを促す働きももっていることが分かります。

観察4-11　同じ目線で

　保育者がお手玉を使って，子どもの頭の上に乗せたり，落としたり，自分の頭でもやって見せたり，わらべうた遊びをしている（**写真4-11**）。お手玉が落ちるのを子どもに見せてあげようと，保育者は子どもの目線まで身をかがめ，微笑みかけている。

　お手玉のわらべうたも，子どもたちの好きな遊びです。保育者がするのを見て楽しみ，また自分でもやってみて楽しみます。写真4-11を振り返って改め

写真 4-11　0歳児・お手玉を使ったわらべうた

て感じますが，保育者が本当に身をかがめているのが印象的です。「子どもた
ちと同じ目線」を0歳児に向けて形にすると，こんな姿勢にもなるのでしょう。
第3章でも触れたように，保育者の保育観や人間性は，身体や環境を含めた雰
囲気を通じて子どもに伝わります（北ら，1993）。こんな何気ない一瞬にも，保
育者が子どもに向き合う姿勢を感じさせられます。

観察 4-12　自ら動いて受け止める

　写真 4-12は，保育の一場面を観察した2分ほどのわずかな間に撮影したも
のである。保育者のまわりには6人の子どもがいて，それぞれに遊具で楽しん
だり，ソファで安らいだりしている。保育者は子どもたちを遊具で誘いかけた
り，それぞれの遊びを見守ったりしている。ハイハイから立ち上がって歩ける
ようになった子は，自分からも保育者に近寄り，やりとりを楽しみながら遊ん
でいる。

　この短い時間だけをとってみても，保育者は固定した立ち位置にいるのでは

写真4-12　0歳児・遊び場面での保育者の動き

なく，むしろ子どもの状況に応じて，自分からさまざまに動いていっていることが分かります。まだそれほど自由に動き回るわけではない0歳児が，それも6人それぞれの思いをもって遊んでいるのを受け止めるのは，このような柔軟な動きによってなされるのでしょう。

　このことも単に保育技術というより，保育者としてのあり方や，子どもと出会う姿勢と関連しているように思われます。津守眞・津守房江は，子どもと人格的に出会うとは，ただ顔を合わせるようなことではなく，自分自身が変わっていくことを要すると述べています。

　　物理的に外に出るだけではありません。自分の中にある心の枠から出なければ他者とは出会えません。とくに子どもとは出会えないと実感しています（津守・津守，2008，p.11）。

　保育者が自らの枠組みを固定し，それに合わせて子どもを動かしていくとき，それを「子どもと出会っている」とは言えないということではないでしょうか。自分とは違う独立した人間として，子ども自身が生きて成長していくのに応えるためには，保育者は自分自身の固定観念を捨てて，新しく子どもに出会う必要があります。津守らはこうした「出会いの保育学」を，一貫して探究してきました。

　津守らが論じたのは，保育者が子どもと出会う姿勢のことであり，精神的な次元のことでもありますが，こうした姿勢を0歳児保育で具体化するなら，それは身体的な次元にも表れるでしょう。先ほどの写真4-13には，保育者が自分の都合によって子どもを動かすのではなく，むしろ子どもの必要に応じて自ら動いていく様子が見られます。子どもの存在をどのように尊重しているか，こんなところからも保育者の姿勢が伝わるのではないでしょうか。

　保育者は必ずこのように動くべきだと述べているわけではありません。誰にもその人なりの身のこなしがあるでしょう。ただその中に，人によって形は違っても，子どもと出会うその人の姿勢や保育観は，言葉だけでなく身体的な次元でも，にじみ出るのではないかと思います。

第 5 章

1 歳児クラスの遊びと
環境・保育者の援助

　幼児が夢中になって砂場で半日を過ごした後に，立ち上がっ
て帰るときの表情には，満ちたりた落ちつきが見られる。その
体験をすることによって，子どもは発達するといってよいと思
う。その体験は，子ども自身の生きた感動をもったものであり，
傍にいるおとなにも，その感動は伝わってくるものである。
　　　　　　——津守眞「発達の体験」（『子ども学のはじまり』）

　　　　　　　　　　1歳児クラスでは，体の動きもより自由になり，友達との関
　　　　　　　　　係や，遊びのイメージも広がってきます。本章では，子どもた
　　　　　　　　　ちの成長に応える遊び環境とその変化，保育者の援助を見てい
　　　　　　　　　きますが，子どもたちが主体的に環境を生かして遊ぶ姿にも着
　　　　　　　　　目していきます。目に見える環境やかかわりの背景には，保育
　　　　　　　　　者の心遣いや子どもたちとの信頼関係，子どもたちを尊重する
　　　　　　　　　姿勢があることも，感じとってもらえればと思います。

1　1歳児クラスの遊びと環境

（1）　室内の環境と遊びの実際（春から夏）

　1歳児クラスの子どもたちは成長するにつれて，イメージをもって見立てた
り，細かなものを操作したりして遊ぶことが増えてきます。観察を続けている
中でも，年度の前半と後半とでは遊びの雰囲気が少し違ってくるのが見てとれ
ました。そこで，室内での遊びと環境については，春から夏と，秋から冬を分
けて示します。

観察5-1　室内の遊具（春から夏）

　「入れたり，出したり」や「隠れたり，出てきたり」といった，この時期の
子どもたちが好む遊びができる遊具がさまざまに用意されています（**写真
5-1**）。0歳児のころから楽しんできた遊具も含まれていました。同じ遊具で
も複数取り揃えられており，同じ遊びをしたい子どもたちに行き渡るように配
慮されています。タオル地やフェルトなど，柔らかくて温かみのある素材を使
った手作りおもちゃが多くありました。手作りおもちゃは，色合いも優しいも

写真5-1　1歳児クラスの遊具（春から夏）

のになっています。遊具が置かれている棚も，0歳児のころと同じように，子どもたちが自分から手に取って主体的に遊べるような配置になっていました。

[観察5-2]　入れたり，出したり

　「入れたり，出したり」の遊具は0歳児のころから楽しんでいましたが，1歳児クラスでは**写真5-2**のような工夫もされていました。

　壁に取り付けられた箱には，さまざまな高さに穴が空いています。穴の形に合わせて円盤を入れると，ちょうど下の籠に収まります。手を伸ばし，高い穴に円盤の向きを合わせて入れることも，くりかえし試しながら楽しんでいました。また，室内でも立ち上がったり，しゃがんで円盤を集めたりなど，この時期に得意になってきている移動運動が促されています。

写真5-2　1歳児・円盤を穴に入れる

観察5-3　バランスをとって歩く

　写真5-3は，布のベルトの両端に重みのある袋がつけられた遊具です。子どもたちはベルトで袋を引っ張ったり，持ち上げたり，さまざまな遊び方をしますが，ここでは首から提げて，上手に重みのバランスをとりながら，保育者や筆者らのところに楽しげに行ったり来たりしていました。その楽しさに触発されて，他の子どもたちも同じ遊びに加わりました。

　1歳児クラスの子どもたちは，同じ一つの遊具からも，そのときの自分自身の思いや発達に応じて，自分らしい遊び方をつくり出しています。運動も上手になり，案外と重いものも使いこなせるようになってきた自分自身の力を発揮することが楽しいのかもしれません。喜びをともにする保育者の存在や，自分と同じくらいの幼い友達と一緒にいることで，その楽しみが広がっていきます。

観察5-4　押し箱を使って

　歩くこともずいぶん上手になってきた子どもたちのために，室内でも運動遊びのできる環境が用意されていました。**写真5-4**の押し箱は，体ごと入って

写真 5 - 3　1 歳児・力を発揮して持ち歩く

写真 5 - 4　1 歳児・押し箱で友達を運ぶ

楽しんだり，乗り物としても使ったりすることができます。この場面は，箱に
入っている友達と向かいあって，乗り物のように押してあげながら，ともに楽
しんでいるところです。その楽しさを，保育者も分かち合っています。腕や足
腰を使って，1歳児にとっては相当な運動能力を発揮していますが，それも運
動の「訓練」などではなく，友達や保育者とのかかわりの中で，子ども自身が
心から楽しむ中でなされています。

（2）　室内の環境と遊びの実際（秋から冬）

クラスの子どもたちも大きくなってきて，それに応じて室内の遊具も変化し
ています。

年度後半の1歳児クラスでは，それまでもしていた，入れたり，出したり，
運んだり，引っ張ったりといった動きを楽しむ遊びに加えて，見立てを伴う遊
びが広がっていました。

観察5-5　室内の遊具（秋から冬）

子どもたちが指先を器用に使えるようになってきたことから，ボタンをはめ
たり外したりができるようなフェルトの遊具などが用意されています（**写真
5-5**）。積み木や紙箱の車両など，組み合わせて構成していけるような遊びも
広がっていました。

遊びの中のイメージも広がってきています。色とりどりのジュースを友達に
振る舞ったり，人形のお世話をしてみたり，見立てを伴う遊びを自由に展開で
きるような遊具や素材が用意されていました。

イメージに関連して，絵本も0歳児のころ以上に楽しむようになってきてい
ます。絵本棚から自分で好きなものを取り出したり，そばにあるソファで保育
者とともにゆったりと読んだりすることができる環境があります。ものの名前
を言えるようになったので，絵本を指さしして自分の発見を保育者に伝えるな
ど，絵本の中身をこれまで以上に楽しむようになっていました。それに伴って，
さまざまな種類の動物や食べ物などが描かれたものや，フレーズを保育者と一

写真5-5　1歳児クラスの遊具（秋から冬）

緒にくりかえして楽しめるものなど，置かれている絵本の種類も広がってきています。

　色にも関心をもって，色の名前を言えるようになってくる時期です。先にも触れたカラフルなジュースや，赤・青・緑などのフェルトでできた遊具など，色のバリエーションを遊びに取り入れられるような遊具も用意されていました。

観察5-6　どこまでも続く道

　二人の子どもたちが車の遊具を走らせて遊んでいました（**写真5-6**）。そのうち車が窓のサッシにぶつかります。どうするかなと思って見ていると，そのサッシも道路にして，背の届く限り上へと走らせていました。子どもは，決められた場所にとらわれることなく，自分自身で道を見出す想像力をもっています。

写真5-6　1歳児・車を走らせる

写真5-7　1歳児・二人で押し箱に入る

観察5-7　ともにいる楽しさ

　写真5-7は観察5-4にも出てきた押し箱です。二人の女の子が仲良く箱の中に収まって、ともにいる楽しさを体験しています。まだ言葉を駆使したやりとりをするわけではありませんが、何となくみんなで集まるだけでなく、ほかでもないこの子と一緒にいたいという思いが生まれているようです。二人でいることによって、遊具の箱が楽しい居場所になります。遊具は子どもの心によって生かされると述べましたが（観察4-2）、その生かし方、楽しみ方も、1歳児の後半になって広がっているように思います。

観察5-8　ごちそうさま

　　女の子がレンゲを使って、人形の赤ちゃんに、お手玉のごはんを一生懸命に食べさせている（**写真5-8**）。赤ちゃんがお腹いっぱいになったころ、女の子は満面の笑顔になって「ごちそうさま」と言った。

　写真5-8の女の子は、もうすぐ2歳児になるころですが、それでも人形を抱えるのもやっとの腕で、苦心しながら赤ちゃんのお世話をしていました。お

写真5-8　1歳児・赤ちゃんのお世話

かげで赤ちゃんも，それから自分自身も，心から満ち足りた思いになったようです。

　まだ生まれて2年間ほどのこの子は，ついこの間までは離乳食を食べさせてもらっていたのに，今度は食べさせてあげる側になりきっています。自分がされるだけでなく，自ら能動的に誰かをケアしようとすること，また相手をケアすることに喜びを感じる，相互的なケアの心は，本当に幼いころから生まれてくるようです。

【観察5-9】　運動遊びの環境（木製トンネル）

　木製トンネルは0歳児クラスにも置かれていましたが（観察4-2），1歳児クラスでも活用されています。

　1歳児クラスでは，中を這って進むだけでなく，上によじ登ることもしていました（写真5-9）。中からも外からも見通せるので，子どもたちどうしのやりとりや，一緒にやってみようとする気持ちも生まれているようです。この写真とは別の場面ですが，木製トンネルの上面に三人の子どもたちが腹ばいにな

写真5-9　1歳児・いろんな方向から

って並び，一斉に飛び立つ飛行機のようにして遊んでいることもありました。0歳児クラスのころと比べると，運動能力の発達に伴って，遊び方もよりダイナミックになっています。

観察 5-10　運動遊びの環境（遊具の組み合わせ）

　0歳児のクラスと同様，1歳児クラスでも，室内に運動遊びの環境が用意されています。

　写真5-10ではクッション巧技台と大きな手作り遊具が組み合わされています。園庭にある総合遊具の，ちょっとした室内版のようです。真ん中に柱のように立てられている手作り遊具は，コの字型のものを二つ組み合わせています。子どもたちは少し大きくなった段差を，上ったり降りたりすることにチャレンジしては喜んでいました。保育者が子どもたちの喜びを分かち合い，受け止める中で，他の子も関心をもって集まり，遊びがみんなの間に広がっていきました。

写真5-10　クッション巧技台と手作りの遊具で

写真 5 -11a　 1 歳児・ 6 月の保育室

（3）　空間構成の変化

　 0 歳児もそうでしたが， 1 歳児も月齢による発達の違いが大きいクラスになります。年間を通して観察する中で，遊具ばかりでなく，保育室の空間構成も，子どもたちの成長に応じて変化させている様子が見られました。

[観察 5 -11]　空間構成の変化

　写真 5 -11a は 6 月の保育室の様子です。年度初めからしばらくは，月齢や生活リズムの関係から，まだ午前睡をとる子がいました。もう少し大きくなって午前睡が必要なくなった子どもも多いので，遊びの空間と，午前睡をとる子どもの空間を分けています。

　夏になると，子どもたちも大きくなっており，午前睡をする子はほぼいない状態でした。そのため，遊びの空間が少し広げられています（**写真 5 -11b**）。手前のテーブルがある空間は，まとまった遊びや食事にも使われています。担当制の保育では，全員が一斉に食事をするのではなく，子どもたちそれぞれの生活リズムに応じて進めることは，第 2 章にも示しました。ある保育者と担当の

写真5-11b　1歳児・8月の保育室

写真5-11c　1歳児・10月の保育室

子どもたちが食事をしているとき，向こうでは別の子どもたちが遊んでいると
いった形をとるため，生活の空間と遊びの空間をこのような形で仕切っている
のです。

　秋ごろからは，遊びの空間と生活の空間との仕切りが外されていました（**写**

真5-11c）。あえて仕切りをしなくても，それぞれの子どもたちにとっての遊び
の空間，食事の時間などが，安定してもてるようになってきていることの表れ
だと言えるでしょう。

　1歳児クラスでは，クラスの子どもたちの生活面での発達状況を踏まえた上
で，遊びの空間を構成していくという配慮がなされていました。

（4）　戸外遊びの環境

　0歳児クラスの後半では，園庭での遊びも増えてきていましたが，1歳児ク
ラスではさらに遊びの幅が広がっていきます。

観察5-12　園庭の築山にて

　園庭には築山があり，坂を滑り台のようにして使えたり，タイヤの階段を上
ったり，丸木橋にもつながっています。園庭の土壌と融合した総合遊具のよう
です（写真5-12）。

　0歳児クラスの冬ごろからは，保育者と一緒に手をつないで，ゆっくり築山
を上ることにもチャレンジしていました。1歳児クラスでは，保育者に見守ら
れながら，子どもたち自身で上ったり降りたりを楽しんでいます。

　坂を滑って降りる様子も，子どもによって一人ひとり違います。築山の上に
いる子は，一歩一歩，注意深く降りようとしています。友達と一緒に並んで滑
り降りるのを楽しんでいる子どもたちもいます。

観察5-13　総合遊具にて

　写真5-13の総合遊具は，木製のものに滑り台や階段，太鼓橋などが組み合
わされたものです。梯子を上がったところにある部屋は子どもたちに人気です
が，1歳児クラスの子はまだ1階部分にしか行けません。階段を自分で上った
り，小さい方の滑り台を降りたりするのを楽しんでいます。保育者も一緒にな
って遊ぶことで，子どもたちの楽しさが広がっています。一人ひとりを見守り
ながら，そこに楽しさをもたらすことのできる人がいることで，子どもたちは

写真5-12　1歳児・一緒に上ったり，降りたり

写真5-13　1歳児・階段とすべり台で

自分から興味をもってチャレンジを楽しむようになります。

観察 5-14　トンネルを抜ける

　先ほどの総合遊具には，縄でできたトンネルが取り付けられています。大き
な子どもたちはその中をくぐり抜けるのを楽しんでいて，筆者らにも「一緒に
来て！」と呼びかけますが，大人にはかえって難しい遊具なので，そばにいて
見守ったり支えたりすることになります。子どものための遊具は，必ずしも簡
単で単純なものではなく，子どもにしかできない遊び方，楽しみ方というもの
があるようです。冬ごろには，このトンネルに 1 歳児たちがチャレンジしてい
ました。

　写真 5-14は，トンネルをくぐり抜けた瞬間の，満足そうな笑顔です。1 歳
児クラスの冬とはいえ，相当な運動能力です。もし小さな遊具だけを使ってい
たなら，この子にそんな力があることは見えてこなかったかもしれません。こ
うした環境が用意されていることによって，その子の力が具体化されるのだと
考えられます。運動能力を身につけることを目的にして訓練したわけではあり
ません。普段から室内・戸外の両方で運動を含む遊びが自由にできること，そ

写真 5-14　1 歳児・縄でできたトンネル

の子の思いを触発する環境があることによって，子どもたちは自然と楽しみな
がら成長し，力を発揮していきます。

　保育者はトンネルを抜けるまで声をかけながら見守り，この子がやり遂げる
と同時に「できた！」と喜びをともにして，子どもたちの挑戦を無理強いする
ことなく支えていました。

　津守眞に，「発達の光景」という言葉があります。子どもは遊びの中で，心
から満ち足りた体験をする中で，発達を遂げていきます。感動を伴う体験や，
心に残る光景が，人間の発達を支えているというのです（津守，1979）。トンネ
ルを抜けた瞬間に見えたものは，この子にとっての「発達の光景」となったか
もしれません。また，子どものこんな満ち足りた笑顔を目にするとき，その体
験は私たち保育者の心にも残ります。それが，保育者自身が歩んでいく上での
「発達の光景」でもあるのかもしれません。

2　遊びを支える保育者のかかわり

　前節では遊び環境を取り上げてきましたが，その中にもすでに保育者のかか
わりの意義を見ることができました（観察5-12～観察5-14）。ここでは0歳児
に引き続いて，個と集団へのかかわりを取り上げます。

観察5-15　どの子も楽しめるように

　保育者の向かいにいる子は，容器におもちゃのブロックを入れたり，出した
りして遊んでいる（写真5-15）。保育者は上手に入れられた喜びを共有しなが
ら，やりとりをしていた。その遊びの様子を，月齢の幼い子どもが保育者の膝
に抱かれながら見ている。容器を振れば中のブロックの音がするので，保育者
はその音を膝の上の子どもにも聞かせてあげていた。

　保育者は，発達の異なる二人の子どもそれぞれにかかわっていますが，まっ
たく別々の対応をしているのではなく，子どもがしていることに目をとめなが
ら，自然と遊びの楽しみをつないでいます。言葉ですべてが通じるわけでもな

写真 5 -15　　1 歳児・月齢の異なる子どもたちと

い時期でもあり，声だけでなく，ものや音や表情を通じて伝えていました。

　さりげない一瞬のかかわりではありますが，一人ひとりを受け止めながら，どの子も楽しめる関係を築くには，命令や「指導」よりも，このようなこまやかな配慮こそが重要なのではないかと思います。

観察 5 -16　　わらべうたが包む空間

> 　写真 5 -16は，膝の上に座っている子どものために保育者がわらべうたを歌い始めると，子どもたちがそれに惹かれて集まってきた様子である。保育者の膝の上に乗ったり，そこにくっついてきたりする子も現れた。すぐ隣では，仲のいい子どもたち二人が，自分たちでわらべうた遊びを始めている。普段保育者がしているのを覚えているのだろう。向こうで自分の好きな遊びをしていた子も，わらべうた遊びに目をとめてその響きに耳を傾けながら，また自分の遊びを楽しんでいる。

　写真 5 -16でのわらべうたは，みんなが一斉に動いたり歌ったりするようなものではなく，子どもたちが自由に，自分らしく参加できるものになっていま

写真5-16　わらべうた（保育者とも，子どもどうしでも）

した。だからといって子どもたちの思いがバラバラだというわけではなくて，わらべうたの響きに包まれながら自分らしく遊んでいるのはみんなに共通しています。二人でわらべうた遊びをしている子どもたちのように，大人に支えられるだけでなく，それを取り入れて自分たちで楽しむ力も出てきているようです。それに保育者が直接介入するわけではありませんが，保育者がどの子のことも見てくれているという信頼感や，穏やかな歌声に包まれた空間が生まれることが，子どもたちの安定した遊びにつながっています。精神分析には「抱える環境（holding environment）」（Winnicott, 1960）という言葉があります。目に見える物理的な環境や身体的な援助だけでなく，関係性が心を支える環境となっているという視点です。保育者も，直接にかかわることはもちろんですが，背景にある信頼関係によっても，子どもたちを支えているのだと思います。

第 6 章
2歳児クラスの遊びと
環境・保育者の援助

規則や制度に頼るのではなく，個をも全体をも生かす力動的
な集団を形成することにおいて，子どもたちの集団は，おとな
の集団よりも建設的である。
　　　　　　　　──津守眞「個性を発揮しつつ共生すること」
　　　　　　　　　　　　　　　（『子どもの世界をどうみるか』）

　　　　　2歳児クラスでは，言葉や運動能力など，子どもたちの力は
　　　　さまざまに広がっていきます。遊びの中のイメージが豊かにな
　　　　り，仲間とのかかわりも深まることで，テーマ性をもった遊び
　　　　が続く様子も見られました。本章では環境と保育者の援助に加
　　　　えて，遊びの中のイメージと関係性の展開についても具体的に
　　　　見ていきます。

1　2歳児クラスの遊びと環境

　2歳児クラスになって一層広がる遊びの世界を，保育の環境，イメージと関
係性の展開，保育者のかかわりの観点から，年間を通して見られた特徴的な場
面を取り上げます。

（1）　室内の環境と遊具

観察 6 - 1 　室内の環境から

　保育室の棚は，子どもたちが自由に遊具を手に取ることができるように開放
され，適度に整理されています（**写真6-1a**）。絵本棚には，このころの子ども
たちが関心をもつような物語や，言葉のリズムが楽しめたり，さまざまな果物
や食べ物の種類を見つけられたりするもの，動植物・自然を写真で図解した科
学絵本など，さまざまなジャンルが用意されていました。そのそばにはソファ
があり，ゆっくりとリラックスして絵本を楽しめる空間となっています（**写真
6-1b**）。遊具や絵本は，季節によって，また子どもたちの成長や行事との関連
などに応じて，入れ替えられたり，新しく用意されたりしています。たとえば

写真6-1a　2歳児クラス・遊具の用意された棚（5月）

写真6-1b　2歳児クラス・絵本が読めるスペース（5月）

写真 6 - 1c　2歳児クラス・秋らしさのある遊具（11月）

秋には紅葉を模したひも通しの遊具が，子どもたちに行き渡るよう，ふんだん
に用意されていました（**写真 6 - 1c**）。

観察 6 - 2　クラスの運動遊び環境

　0・1歳児クラスでも，室内で運動遊びができるような環境が用意されてい
ましたが，2歳児クラスでも同様の配慮がなされています。滑り台や梯子，マ
ットなどを組み合わせた遊具が，年間を通してさまざまに組み替えられていま
した（**写真 6 - 2a**）。また**写真 6 - 2b**のように，風の通るテラスも活用されてい
て，まったくの戸外というわけではなくても，開放感をもって遊ぶことができ
ていました。色とりどりのウレタンブロックは，子どもたちも運んだり積み上
げたりしていて，それ自体も体を使った遊びであると同時に，自分たちで遊び
環境を構築することにもつながっています。

写真6-2a　2歳児・室内の複合遊具

写真6-2b　2歳児・テラスにウレタンブロックを積んで

（2）　戸外遊びの環境

観察 6 - 3　園庭の遊び環境

　0歳児クラスから園庭での遊びは始まっていますが，2歳児クラスでは園庭の環境をより幅広く活用することができるようになっています。

　園庭の築山を1歳児が活用する様子は，観察5-12で示しました。その築山は，大きな木の上の小屋につながっています。小屋は二つあって吊り橋でつながっていますが，2歳児ではこんな場所にも自分で登ったり渡ったりができるようになっていました（**写真 6 - 3a**）。これまで触れてきた総合遊具なども合わせて，戸外でさまざまな運動遊びを楽しむことができます。

　三輪車や四輪車など，車輪のある乗り物を使いこなせるようになるのもこのころのようです（**写真 6 - 3b**）。0・1歳児も室内で，牛乳パックで作った乗り物で遊ぶことは多かったのですが，ここでは回転という要素が入ってきます。

　夏の水遊びでは，園庭で水に触れたり，こぼしたり注いだりを実際に体感しながら，保育者とともに楽しんでいました（**写真 6 - 3c**）。部屋の中でジュースなどを見立てているのとは違って，実際に水が流れ出て，ひんやりした感じや，濡れる感触を味わうなど，イメージをより実感あるものとして体験できるのも，園庭という環境の特徴かもしれません。砂や水，葉っぱのような自然物を含めて，素材をより自由に，ダイナミックに体感する可能性が開かれます。

　ログハウスは密閉されるのではなく，隙間が空いていて，風が通るのを感じたり，内と外で顔を合わせたりすることができます。子どもたちはかくれんぼをしたり，隙間から顔を出して「いないいないばあ」のようにしたり，指や葉っぱを差し入れて内と外とのやりとりを楽しんでいました（**写真 6 - 3d**）。

　「入れたり，出したり」や（観察4-1，観察5-2），木製トンネルの内と外で顔を見交わすこと（観察4-2，観察4-10），それからこのログハウスに自分が入ったり出たりする遊び——子どもたちが幼いころから好きな遊びですが，何かしら共通点があるようです。精神分析家のフロイト（1920）にならって言えば，出会いと別れという子どもたちの心を揺るがす体験を，遊びの中で自分の

写真6-3a　築山と木の上の小屋

写真6-3b　2歳児・さまざまな乗り物（4月）

写真6-3c　2歳児・水遊び（7月）

写真6-3d　2歳児・ログハウスの内と外（11月）

ものにしようとしているのかもしれません。発達の体験を重視した津守眞 (1980) の観点で言えば、内と外がつながるとき、他の人からは見えない自分自身の内的世界を分かち合う喜びが生まれるのかもしれません。また、言葉を超えて心通じ合う、相互性の体験が楽しいのだとも言えるでしょう（津守, 1989）。子どもたちの多様な遊びを一つの解釈で割り切ることはできませんが、内と外を隔てる境界があって、なおつながりをもつことができるという状況は、子どもたちの発達の体験にとって大きな意味をもつように思われます。

観察 6 - 4　園外散歩

　写真 6 - 4 は年度末、園外散歩で公園に行ったときの場面です。一見遠足のようでいて、実際には園からすぐ近くの公園なのですが、そこにこれまでの成長のさまざまな側面が表れているようです。園外散歩では、着替えたり、靴を履いたり、少し長い距離を注意して歩いたり、いつもと違う環境で運動遊びを楽しんだり、そしてみんなと一緒にお弁当を広げて食べたり──その時期まで

写真 6 - 4　2歳児・公園を訪れて（3月）

にできるようになってきたことのすべてが，楽しみの中で生かされています。
3歳以上児クラスへの進級を控えたこの時期，自分たちの力を発揮して，みんなで楽しんだことは，子どもたちの発達の節目にふさわしい経験になったと思われます。

2　イメージと関係性の展開

　2歳児の遊びの中では，これまで以上にイメージの世界が豊かになり，保育者だけでなく仲間との関係も深まっていきます。その実際を示す上で，ここでは特徴的な場面を三つのテーマに分けて示します。特定の子どもを追いかけたというわけではありませんが，時が経つごとに，2歳児クラスで見られた主な遊びが変化していった過程を象徴する場面を取り上げています。

（1）　つなぐということ

　自由な遊びの時間，子どもたちは多種多様な楽しみを見つけ出していますが，1歳児のころ以上に指先が器用になってきたこともあり，遊具をつなぐ遊びは年間を通してさまざまな形で見られました。

観察6-5　ボタンでつなぐ

　これは2歳児クラスに入ったばかりの4月の場面です。魚，車，星など，いろいろな形と色のフェルトをボタンでつないでいます（**写真6-5**）。

　ボタンをとめるということは，着脱など普段の生活の中でも体験していることでもあります。このころの子どもたちは，大人にしてもらうだけでなく，自分自身でできるようになりたいとチャレンジするものです。「ちょうどいい難しさ」は，楽しみの条件だと言われています。課題があまりに難しすぎても，容易すぎて退屈なのも，楽しみの体験を損なってしまうわけです（チクセントミハイ，2000）。

　フェルトの遊びは，その子が今もっている指の力や器用さに合っているよう

写真 6 - 5　2歳児・フェルトの遊具をつないで楽しむ（4月）

で，一心に取り組んでいました。つなぐのに使っているアイテムの種類はさまざまで，何か一つのものを作り上げるイメージがあるというよりは，つなぐ行為そのものを楽しむ要素が強いように思われます。

[観察 6 - 6]　電車をつなぐ

　7月ごろのことです。子どもたちは電車をたくさんつないで遊んでいました（**写真 6 - 6 a**）。

　ここで使われている電車の遊具は，一つひとつの車両の前後にマグネットがついています。マグネットの磁力はゆるいものなので，自由につないだり外したり，カーブさせることができます。

　二人の子どもが電車やバスの遊具をつないでいます（**写真 6 - 6b**）。協同で遊んだり作業したりというわけではありませんが，まったく個々別々に遊んでいるというわけでもないでしょう。一人の男の子が電車をつないでいるのを見て，もう一人の男の子も，自分自身のイメージを触発されている様子が見てとれます。同じ遊具がないので，紙箱でできた車をクリップでつなぎ，別の遊具を組

写真6‐6a　2歳児・カーブを描いて（7月）

写真6‐6b　2歳児・二人のイメージ（7月）

写真6-6c　2歳児・友達と一緒に（7月）

み合わせて，自分なりの形を作り上げています。

　また別の男の子が，最初の男の子の遊びに参加しようとしているようです（**写真6-6c**）。今度は別の遊具ではなく，一緒につなげていこうとしています。2歳児の時期，言葉で決めた遊びのルールのような形ではありませんが，まったく別々の一人遊びをしているのではなく，イメージを介して心がつながっていることが感じられます。

観察6-7　砂場にて

　つないだり，並べたりする遊びは，室内だけでなく砂場でも展開されています。砂場にも，車や機関車，バスや船などの遊具が用意されていて，一列につないでいる子もいれば，横に並べている子もいました（**写真6-7**）。8月の暑い最中でしたが，汗を流しながら，並べる・つなぐことに懸命に取り組んでいます。

写真6-7　2歳児・乗り物をつなぐ（8月）

写真6-8　2歳児・二人での街づくり（11月）

観察6-8　広がる街

　11月の観察では，電車や車がつながれるだけでなく，ブロックをつないだ道もできていて，車両はその上を走っていました（写真6-8）。また一本道ではなく，さまざまな路線があり，車上にも人形が乗っていて，まわりにはトンネルや家々があり，動物たちも集まってきています。単にいろいろなアイテムが集まったというだけではなく，一つの街のイメージが形づくられているようです。二人の男の子は話し合ったり，遊具を手渡したりしながら，イメージを自分自身でも，また互いの間でも，豊かにしていました。まだ複雑な言葉を使っているわけではありませんが，相手が抱いているイメージを受け止めて共感し，それに触発されて自分自身の考えを実際の形を通して相手に提案し，コミュニケーションを重ねる中で，互いに楽しみながら共同作業を進めています。人と人との話し合いも，単に言葉だけの問題ではなく，その原点はこんな体験から始まるのではないでしょうか。津守眞（1987）が言うように，子どもたちは規則に縛られて集団を維持するのではなく，心でつながることによって，互いを生かし合う関係を築く力をもっているのだと思います。

観察6-9　橋の上と下

　写真6-9は年度末，3歳以上児クラスへの移行が近づくころの場面です。線路は橋となって，立体的に構築されるようになり，その橋の下にも車両が密に格納されています。先に挙げた街づくりのように，心の中のイメージも広がってきていますが，同時にものを使って立体的に構築する知性も伸びてきていることが見てとれます。

　2歳児クラスの4月には，つなぐことそのものへの熱中が主でしたが，1年間を通して，次第に一つの世界をイメージしながら構築する遊びへと変容していく流れを見ることができます。

（2）　見立て・ごっこ遊び

前節の「つなぐ」遊びにも見立てやイメージが含まれていましたが，ここで

写真 6 - 9　　2歳児・線路を立体的に構築（3月）

はそれ以外の見立て・ごっこ遊びを取り上げます。

観察 6 -10　おままごと

　写真 6 -10a は年度はじめの 4 月に見られた遊びです。布を一枚敷いたおか
げで，その上にジュースや器を並べると，ピクニックでお弁当を食べているよ
うな雰囲気になります。この布は，他の遊びの中でもさまざまな形で使われて
いますが，一枚の布であっても，子どもたちのイメージを担い，また触発しな
がら，遊びを広げていることが分かります。この遊びは，二人の子どもの間で
しばらく続いていました。1歳児のころ以上に，イメージを相手と共有しなが
ら子どもどうしで遊ぶことができるようになっています。

　写真 6 -10b では，友達とかかわってというよりは，自分自身で料理を作る
ことを楽しんでいます。品数も揃え，一品一品もふんだんに食材を使いながら
作り上げ，満足そうです。子どもたちはこんなふうに，まわりの誰かにほめら
れるかどうかなどには関係なく，自分らしく何かに打ち込んで，満ち足りた体
験をすることが多くあります。外発的な動機ではなく，無心に取り組み，楽し

写真6-10a　2歳児・お弁当（4月）

写真6-10b　2歳児・フルコース（7月）

写真 6 -10c　　2 歳児・レンジで調理中（11月）

む体験は「フロー」とも呼ばれます（チクセントミハイ，2000）。子どもたちは本来，大人以上に，こうしたフローの世界に入り込み，自分自身の世界を豊かにしていく才能をもっているのではないかと思います。

　秋になって，保育者は電子レンジのような手作り遊具を用意していました（**写真 6 -10c**）。さっそく子どもたちは一緒に材料を入れて，できあがりを楽しみに待っています。

　ごっこ遊びの体験を表現するとき，「模倣」だとか「なりきる」といった言葉を使うこともできますが，それではどこかそぐわないようにも感じます。2歳児たちは，電子レンジを使ったとしても，まだ本当の料理を完成することは難しいことでしょう。「模倣」といっても，やり方をそっくりそのまま真似ているわけではありません。けれどもこの遊びのように，できあがるまでじっくり待つのは，楽しみながらも真剣にしています。電子レンジなら電子レンジの操作手順そのものというよりも，料理をテキパキとこなす熟練の感覚や達成感を体現しているように思われます。大人の行為を表面的に模倣するのではなく，体験の次元を感じとる子どもたちの力——状況を読み取る力とも言えるかもし

写真 6 -11　　2歳児・新聞紙を使って（12月）

れません――には，確かなものがあるように思います。

観察 6 -11　園庭での焼き芋

　冬の朝，筆者らが園庭を訪れると，子どもたちが焼き芋を持ってきてくれました。その焼き芋というのは丸めた新聞紙なのですが，園庭でそれらしい形に丸めただけで，筆者らにも焼き芋そのものに見えてきます（写真 6 -11）。この遊びは保育者が園の行事との関連で用意したものですが，部屋の中よりも園庭で見るからこそ，ただの新聞紙が一層焼き芋らしく見えるのでしょう。遊具のような個々のものばかりでなく，状況，関係性，保育の流れといったものが，遊びのイメージをふくらませることが分かります。

観察 6 -12　おめかし

　男の子が鏡台に向かっておめかしをしています（写真 6 -12）。パフをはたきながら念入りに化粧のノリを確認している様子は，実際には粉などないのに，まるでこれから出かける大人のようです。大人が使うものがリアルに用意され

写真6-12　2歳児・鏡台に向かって（1月）

た環境に触発されて，子どもたちはイメージを通して大人の世界を体験したり，自分自身の姿を見つめたり，仕事をするということ，家庭の中から外の社会に出て行くということの意味を，どこかしら感じとっているのかもしれません。

（3）　友達とのかかわり

　2歳児クラスでは，イメージや想像力が豊かになるとともに，仲間との関係も広がってきています。イメージと関係性は別々に発達しているわけではなく，イメージを介して信頼関係が深まったり，親しい関係を築く中でイメージが広がったりということも多くあります。

観察6-13　「とってもいいかんがえ！」

　BちゃんとCくんが一緒に遊んでいる（**写真6-13**）。筆者らは自由遊びが展開する中で，BちゃんとCくんだけを見るのではなく，クラスの子どもたちが遊ぶ様子を観察しており，二人の様子には断続的に目を向けていたが，その過程で，BちゃんとCくんとの遊びが一つのテーマをもってかなり長い間，少なくとも30分以上にわたって続いていることに気づかされた。遊びの概要は次の

写真 6 -13　2 歳児・一緒に相談（7 月）

ようなものだった。

　Bちゃんは，赤ちゃん人形のお世話をしながら，Cくんに「薬を飲ませている
んだよ」と言う。Cくんは「ちょっとかぎを持ってくるね」，Bちゃんも
「ちょっとトイレに行ってくるけど，すぐ帰ってくるから」などと伝え合い，
共同生活の中の何気ない会話のようなものが交わされている。トイレに行こう
としたBちゃんは，他の子から別の赤ちゃん人形を渡され，「赤ちゃんが泣い
てる」と訴えられたので，予定をとりやめてその赤ちゃんの世話をしてあげて
いた。

　やがてBちゃんとCくんはベビーカーを一緒に押して部屋の中を歩き，「う
さぎさんもベビーカーで連れて行く」と言って，ベランダに出て行った。ベラ
ンダで二人はウレタンブロックを並べたベッドを作り，うさぎさんを寝かせて
あげている。Cくんが四角い布を手にして「ピッとするんだよね」と言ってい
るのは，旅先のホテルのカードキーででもあるのだろうか。BちゃんとCくん
で，「かぎ？」「かぎだよ」と確認し合っている。そのうちにCくんがウレタン
ブロックを並べ替え始めた。部屋の模様替えのようだが，それを見たBちゃん
は，「これ，いいかんがえ！　とってもいいかんがえ！」と喜んでいる。

　2 歳児クラスの二人は，他の子どもたちのかかわりを受け入れつつも，一対
一で，一つのイメージや物語のようなものを心で共有しながら，保育者からの
直接的な援助がなくても，自分たち自身で生み出した遊びをかなりの時間にわ

たって続けていました。イメージする力，かかわる力がこれだけ育っていて，それが形になるだけの保育環境が用意されていることが分かります。こうした子どもたちの実態を踏まえると，保育者が遊びの様子をよく感じとり，イメージの展開を妨げずに支えていくというかかわりのあり方を考えさせられます。

3　遊びを支える保育者のかかわり

　これまでにも示してきたように，2歳児クラスでは，子どもたちどうし，保育者に直接援助されなくても遊びを広げていける力が育っています。一方で，子どもたちが安心して自分たちの遊びを広げていけるのは，保育者の日々のかかわりや担当制によって培われた愛着ある信頼関係に支えられているからでもあります。子どもたちは自分たちで一心に遊び込みながらも，折に触れて先生の名を呼び，自分たちの楽しさを共有してもらおうとする姿がよく見られました。保育者は，直接的にも，間接的にも，子どもたちの遊びを支える援助を行っていました。

観察6-14　子どもたちのイメージに応える

　写真6-14aでは，運転に興味をもっている子どもたちのために，保育者がウレタンブロックを少し並べることで，さっそく電車ごっこが始まったところです。これは，保育者が子どもたちの関心に応えて，その場で環境を用意することによって援助したものと言えるでしょう。**写真6-14b**は列車をつないで遊ぶ子どもたちに応えて，保育者が軽い段ボール箱でできたトンネルを提示したところです。子どもたちは列車をくぐらせて遊び始めました。

　写真6-14cでは，赤ちゃん人形を抱っこしながら椅子に座っている女の子がパーティをしたいと求めたのに応えて，傍らの保育者が一緒に用意をしたりしているうち，他の子どもたちが興味をもって集まり，遊びがみんなの間に広がったところです。

　子どもたちが遊びのイメージを実現しきれないでいるときや，遊びが散漫に

写真6-14a　2歳児・電車に乗って（4月）

写真6-14b　2歳児・トンネルをくぐる列車（7月）

写真6-14c　2歳児・食卓を囲むパーティ

なりそうなときなど，言葉や表情で直接にかかわることも必要ですが，こんな
ふうに環境構成を変化させて応えていくことで事態が展開し，新しい遊びの楽
しさが広がっていくこともあります。保育環境とは固定したものばかりでなく，
子どもたちの思いに応えて，子どもたちとともに生きて動くものでもあると言
えるでしょう（西，2017）。

　もちろん保育者は，直接的な援助も日常的に行っています。たとえば，子ど
もがジュースを持ってくれば，「私もそのジュースが一番好きなんだ。あら，
他にもあるの？」など，その子が言った言葉を大事に受け止めて共感しながら，
子どもも自分自身で考えることができるような言葉がかけられていました。こ
うした応答は，言葉のレパートリーの問題というよりは，保育者が子どもの遊
びやイメージの世界がどんなものかを体験的によく知っていて，その世界を心
から尊重し，ともに楽しみ，子どもたちの成長を願う思いから，自然と生まれ
てくるものなのではないかと思われます。遊びをどう理解し，どのような姿勢
で子どもとかかわるのかという，保育者としてのあり方から言葉が生まれてく
るのだと思います。

第7章

遊びと環境・保育者の
援助について考える

　たとえ，ことばを話さなくとも，子どもの行為の展開につれ
て，子どもの考え，いわば思想の流れともいえるものを私共は
発見することができる。外的な行動に断片的に対処していると
きには，それは見えない。子どもと生活をともにし，行為によ
って表現される子どもの考えを追ってゆくときに，私も新たな
理解を深めるし，子どもにもまた新たな心的展開がある。
　　——津守眞「保育研究の転回」（『子どもの世界をどうみるか』）

　　　　　　この章では第4章から第6章での観察研究を通して，0・1・
　　　　　2歳児クラスでの保育のあり方について考察します。保育の環
　　　　　境は，子どもたちの発達する力に応える形で新たにつくり直さ
　　　　　れていくものであり，保育者との信頼関係の媒体もさまざまに
　　　　　広がっていくことが見てとれました。
　　　　　　そうした変化は，子どもたちの遊びの世界を保育者がよく見
　　　　　ていることによって可能になります。そのための「保育を見る
　　　　　目」は，観察研究にも必要なものですが，実践知として深めら
　　　　　れるという性質をもっています。

1　0・1・2歳児クラスの遊び環境

（1）　発達に応じた環境の変化

　第Ⅱ部では，0・1・2歳児クラスの遊びを具体的に見てきました。これを
踏まえて，まずは遊びを支える環境について，次に保育者の援助について考察
します。
　年間を通じた観察によって，子どもたちの発達に応じてクラス全体を変化さ
せていったり，遊具を変化させたりしていることが見てとれました。

1）0歳児クラスの環境

　0歳児クラスの場合は，年度途中の入園で子どもたちが徐々に増えていくの
で，それに応じて空間構成を考え，また，発達状況に合わせて環境をつねに変
えていく様子が見られました（観察4-3，観察4-4，観察4-6）。
　クラスの中には，いつも置かれている遊具もありますが，子どもたちの発達
に応じて，種類や配置が変わっていくものもありました。立ち砂場などの戸外
遊びも，年度の後半になるにつれて機会が増えています（観察4-5）。運動遊

びの環境も，手先など微細な運動を促す遊具の用意も，時に応じて変化があり，発達の異なる子どもたちがそれぞれに楽しみ，だんだんと使いこなしていく様子が見られました（観察4-1，観察4-2，観察4-6～観察4-9）。こうした環境は，特定の時期の子どもたちだけでなく，発達の異なる子どもたちがそれぞれに活用できるように考えられています。

2）1歳児クラスの環境

　1歳児クラスにおいても部屋全体の変化があり，午前睡の状況などと関連して，生活と遊びの空間構成が変わってくることが示されました（観察5-1～観察5-3，観察5-11）。1歳児クラスの後半ではイメージがより豊かに広がり，遊具の種類が変わり，同じ遊具でも遊び方が多様になっていました（観察5-4～観察5-10）。移動運動の発達に応じて，室内でも運動遊びの環境が工夫されていました（観察5-6，観察5-9）。

　園庭での運動遊びも盛んでした（観察5-12～観察5-14）。保育者が用意する環境と違って，園庭の自然環境は季節に沿って移り変わっていきます。そんな変化も，子どもたちは自ら発見し，遊びに取り入れていました。

3）2歳児クラスの環境

　空間構成の大きな変化はなく，子どもたちの遊びの状況に応じて，運動遊びの環境，ものの種類や配置が変わっていきました。園庭では子どもたちが使いこなす設備の種類が増え，園外散歩へとつながっていきます（観察6-3，観察6-4）。生活の必要性以上に，子どもたちの遊びの豊かさが環境を変化させており，そのときどきの遊びに沿って臨機応変に環境を作り変えていく援助も見られました（観察6-14）。

　どの年齢においても，子どもたちの目覚ましい成長に応じて，つねに環境が変化していきます。年間を通して固定するようなことはなく，いつも新しい試みが考えられ，取り入れられているのが印象的です。

（2）　遊びの自由感と環境

　どのクラスでも，子どもたちの遊びの自由感を保障するために，さまざまな配慮がなされていました。たとえば棚一つをとってみても，子どもたちが自由に遊具を手に取れるようになっています。仮に，棚が引き出しになっていたり，ふたで覆われていたり，子どもの手の届かない段があったり，細かに整理されていて戻すのに労力が要ったりすれば，それだけ子どもが自分の意思で使うハードルが高くなります。遊具について言えば，子どもたちの人数に比べて数が少なかったり，子どもたちがもう使わなくなって卒業してしまったようなものが多かったりすれば，それだけ子どもの自由感は妨げられてしまうでしょう。こうした保育環境のあり方に加えて，保育者がどのように応答していくかが，子どもたちの遊びの豊かさや，その自由感に大きく影響しています。

　環境や応答は，保育者の保育観・人間観の表れでもあります。子どもが主体性を発揮して存分に遊べるようにと願っている保育者と，片付けの生活習慣を学ぶほうが重要だと思っている保育者では，棚の置き方一つでも変わってきます。「この園で大切にしていること」のように言語化された理念や保育観も重要ですが，実際の保育環境やクラスの雰囲気，保育者の応答，子どもたちの遊びの内実にこそ，保育者が心に抱いている「実際に使われている理論（theory-in-use）」（Schön, 1983）が具体化されるのです。

　自由感を大切にする保育は，保育者がもつ理論だけでなく，保育者の心の動きに根ざしたものでもあります。津守眞らの人間的な保育学の流れを汲む浜口順子は，自由感のある保育について，保育者が葛藤をもちこたえる力を要するものであることを指摘しています（浜口，2001）。あらかじめ決められた方法や環境だけでなく，観察で見られたように，そのときどきの子どもたちの訴えを受け止め，新しい遊びの可能性を取り入れて応答していく保育者のあり方に，自由感を支える保育者のあり方を見ることができました。

2　保育者のかかわりと援助

（1）　信頼関係に支えられた遊びの広がり

1）0歳児クラス

　子どもたちから生まれる遊びや思いを受け止め，抱っこしたり触れ合ったり，わらべうたで優しく包んだり，言葉をかけまなざしを向けていく，温かみのあるかかわりがなされています（観察4-7～観察4-12）。担当制を通して一人ひとりとの信頼関係が深められていくとともに，遊びの中ではみんなとともにいる雰囲気を楽しみ，味わえるような配慮がなされていました。

2）1歳児クラス

　0歳児クラスとも共通しますが，保育者は子どもたち一人ひとりとも，みんなとも，楽しみをつなぎながらていねいにかかわっていました（観察5-15，観察5-16）。それぞれの子どもたちの興味や発達のありようはさまざまですが，遊び方は違っても同じ楽しみを共有できるよう保育者は配慮しており，子どもたちどうしの仲立ちもしています。

3）2歳児クラス

　保育者に甘えたり，一緒に遊んだりということもあるのですが，子どもたちどうしでの遊びも豊かになってきており，保育者が直接かかわらなくても自分たちで遊びの世界を広げていく様子も見られました（観察6-13）。保育者の援助も，子どもたちとやりとりをしながら，遊びの内容に即した環境をその場で用意するといったように，直接的・身体的なかかわりだけでなく，イメージを介した援助も行われていました（観察6-14）。

　年齢を追うごとに，関係の媒体も変化していくようです。子どもたちどうしの関係の中で遊びを続けられる力が伸びてくることもありますが，だからといって保育者のかかわりが薄められるわけではありません。保育者との信頼関係

が遊びの世界を支えていることには変わりがないのですが，かかわりの通路が，イメージを介したものや背景としての安心感のように，多様になっていくのだと考えられます。

（2）　子どもの遊ぶ世界をよく見るということ

　子どもの遊びは，大人の目からは大変ささやかなものに見えるかもしれません。遊びの意義を認める保育者であっても，その「教育的」な結果にばかりとらわれていれば，遊びの過程とその内実をよく見ることはできなくなってしまいます。

　けれどもその遊びの中で，子どもたちは自分自身の内的世界を表現しており，それは自らのアイデンティティを築くことにもつながっています。冒頭に挙げたように，外的な達成を超えて，子どもの内的世界の表現として遊びを見るのが，津守眞の基本的な視点です。

　2歳児がさまざまな「つなぐ」遊びを広げていく様子にも見られるように（観察6-5～観察6-9），イメージの世界を探求する中で，言葉を超えて，友達と心がつながれていきます。そこでは，人と人とがかかわる原点となる力が培われているのです。「とってもいいかんがえ！」（観察6-13）の事例が示すように，保育者の援助を超えたところでも，また保育者が気づかないような場面でも，そうした遊びは展開していきます。

　子どもたちの表現を汲みとって保育者が応答し，それにふさわしい環境を用意していく上では，子どもの遊びをよく見ていること，理解していることが必要になります。何かを作り上げた成果やトラブルなど，目立った場面だけでなく，ふとした瞬間に生まれる遊びに目をとめ，子どもたちの小さな声にも耳を傾けることが求められます。

　保育者が保育を見る目は，実践知としての性質をもっています。子どもたちの遊びは，何かの公式によって解き明かすことのできないものです。その理解には，多様な可能性があるからです。したがって遊びの事例研究は，子どもの理解を深めるだけでなく，それぞれの保育者・保育研究者がもつ「保育を見る

目」を具体化する意義ももっています。事例研究を重ねていくことは，保育の実践知について考え合い，それを深めていくコミュニティを築くことにもつながるでしょう。

第Ⅲ部

0・1・2歳児保育のあり方を考える

第 8 章

子どものための保育計画
——子どもの主体性を生かすために——

将来に向って開かれた世界には，きまったレールはない。新しい方向に，今までにないものをつくってゆくのが，将来に向って歩んでゆく人間に課せられる課題である。
　　　　　　　　——津守眞「不安定に耐える力を養うこと」

　　　　　保育の計画は，ものを相手にするのとは違って，生きた人間
　　　　を育てることにかかわっています。生きた保育の過程は，予測
　　　　しつくすことはできません。子どもたちはむしろ，大人が予想
　　　　もしなかったような成長を見せてくれます。そんな子どもたち
　　　　の主体性が生かされるための保育計画のあり方について，考え
　　　　てみましょう。

1　保育の計画をどう捉えるか

（1）　人間の成長を支える計画

１）倉橋惣三の言葉から

「用意なしに客を迎えてはならぬ」。倉橋惣三が語った言葉です。『幼稚園保育法真諦』は彼の保育実践論をまとめた一冊ですが，その中には保育計画を扱った章があります。そこでの議論ももちろんのことながら，その始まりの扉に添えられた詩が印象的です。彼の言葉はこんなふうに続いています。

　　用意なしに客を迎えてはならぬ。しかも，客を迎えてその用意を強いてはならぬ。
　　用意は細心でなければならぬ。しかも，細心は当方の心がけであって，それを客に示すべきものではない。その心入れがどこにあるのか気づかれないまでに細心でなければなるまい（倉橋，1934b，p. 450）。

保育の計画を論じるにあたって，客を迎える心構えに喩えて説き始めるところには，倉橋らしい人間味が感じられます。計画や準備を怠るなという厳しい

言葉にも聞こえますが，それ以上に倉橋が伝えたかったのは，敬意をもって子どもを迎えるという姿勢ではないでしょうか。保育者の計画によって子どもを動かすのではなく，子どもがありのままに迎えられ，自らの可能性を主体的に広げていくことのできる保育が彼の目指すところでした。「迎える」とは，相手を計画通りに動かすのではなく，むしろその瞬間に相手から生まれてくるものに応え，相手の存在そのものを受け止めることを意味すると言えるでしょう。

　保育の計画は，子どもがあえて意識する必要のないものであることも指摘されています。もちろん計画や準備はあるにしても，当の迎えられる相手が終始それを意識せざるをえない状況では，ありのままの思いが出せなくなってしまいます。「教育」を子どもに押しつけるのではなく，ありのままの子どもらしい生活を重んじた倉橋の思いが，ここにもにじみ出ているようです。

　「用意」とは，単なる計画書のことではないことも示唆されています。保育の計画とは，計画を記した書類や一日の生活の運び方だけでなく，準備物や環境，さらには保育者の心遣いや，今日どんなふうに子どもを迎えようかという保育者の姿勢によって成り立っていることが，倉橋の言葉から分かります。ここでも，書類だけによっては尽くすことのできない物的・人間的な環境を含めたものとして，計画を捉えていきます。

２）子どもの主体性と未知の可能性

　冒頭にも述べたように，保育の計画は，人間の成長のためにあるものです。人間には一人ひとり心があり，自らの意思と主体性があります。ものや機械のように，こちらの意図によって勝手に動かすことはできません。むしろ，人生の基盤にかかわる乳幼児期の保育では，子どもの主体性こそが尊重され，育まれなければならないでしょう。

　人間の成長にかかわる計画はまた，未来に開かれたものでもあります。最初に挙げた津守眞の言葉にも示されているように，人間の成長とは未知なる可能性を切り拓くものであって，そこに定められた正解があるわけではありません。生きた人間を相手にし，生活をともにする保育の営みは，あらかじめ計画しつ

くすことができないものです。遊びの中の楽しみや友達との関係，保育者との信頼関係など，保育の中で大切なこと，心動かされることは，予定通りにではなく，むしろ思いもかけないようなきっかけから生まれ，育まれていきます。保育者は日々さまざまな準備を整えて保育に臨んでいますが，実際に子どもたちと一日を過ごしてみれば，予想していた以上の喜びや成長が体験されるものでしょう。

　保育の計画について考える際には，それが他の計画とは違って，人間の成長のための計画であることが前提となります。

（2）　保育所保育指針と計画

1）計画性と柔軟性

　一般に計画と言えば，予定通りに実現するべきもの，ステップを踏んで明確な目標を達成するものとしてイメージされるでしょう。これに対して，保育は子どもの主体性を生かすものであり，予想外の可能性に満ちていることについて述べてきました。子どもの主体性を尊重する計画のあり方とは，どのようなものでしょうか。もし単純な計画観をもって臨むなら，いかに「教育的」に見えたとしても，保育者の意図通りに子どもをコントロールし，子どもの主体性を損なう「させる保育」に陥りかねません。

　近年の保育界では，計画の意義がますます強調されるようになっています。2008年の「保育所保育指針」（以下，指針とします）改定においては，従来からの全体的な「保育計画」を「保育課程」に改称した上，「保育の実践において組織性及び計画性をより一層高め，保育所保育の全体的な構造を明確にすることが必要」（厚生労働省，2008a，p. 119）とされ，計画・評価を体系的に実践する必要性が強調されています。一方で，保育の計画を作成する基本的な考え方については，子どもたち一人ひとりへの配慮も明記されていました。同時に，「すべての子どもが，入所している間，安定した生活を送り，充実した活動ができるように，柔軟で発展的なものとし，また，一貫性のあるものとなるよう配慮することが重要である」（厚生労働省，2008b，p. 22）ことが示されています。

これを踏まえるなら，計画性を「一層高め」つつ，なお柔軟性をもった計画のあり方とは何かが問われなければならないでしょう。

2017年に公示され，2018年に適用された指針では，該当する箇所から「柔軟性」に関する言及が削除されました（厚生労働省，2017，p. 8）。さらには，新たに具体的な目標として「育みたい資質・能力」「幼児期の終わりまでに育ってほしい姿」が加えられました。これだけを文字通り受け取るならば，保育の過程を深く捉えるのではなく，定められた結果の達成だけを目指す「させる保育」に陥りかねません。

指針の細部から，国が掲げる保育観が計画によるコントロールを強める方向に進みつつあることが見えてきました。ただ，文言が変わったとしても，どちらの指針も本来的には「子どもの主体性を尊重」することが前提となっているわけですから，それと矛盾する硬直した保育計画を展開するわけにはいかないでしょう。

2）既存の枠組みを超えて考える

指針であれ，保育の計画であれ，それらは本来子どもたちと保育を生かすためにあるはずのものです。しかし，根本的な考え方を問わずに文言や形式だけにとらわれるなら，かえって子どもの成長を妨げ，保育を支配するものになりかねません。「計画性を高めつつ柔軟性をもって」と言葉にするのは簡単なことですが，それが言葉だけのものではなく実質的なものになるためには，計画というものの本質について，実践者の目をもって考えていくことが必要でしょう。

津守眞は「幼稚園教育要領」の改訂にも携わりましたが，それを絶対視するような立場はとりませんでした。改訂をどう受け止めるかについて，彼はこう語っています。

　　これ〔当時改訂された新幼稚園教育要領案〕をどういうふうに解釈し，実践に使っていくかということは，使う人の考えと力によるのではないか，と思わ

れます。もともと幼児教育の日日の実践をどういうふうにやっていくのかということは，教育要領があるからそれに沿ってやっていくというのではなくて，子どもが育つのに私たちはどうしたらいいか，というところに根本があるのであって，そのことに教育要領が合っていなければ，教育の実際に当たる人はむしろ批判して，教育要領を変えていかなくてはいけない。教育要領に従って我々が実践を決めているのだったら，教育要領が変わるたびに実践が変わってしまって，そんなおかしな話はないわけです。〔中略〕人間の営みというのは昔から変わらないものがあるので，それを現代の世界でどうやって実現していくのかということが，私たちの根本の課題であることは，昔も今も同じことではないかと思います（津守ほか，1989，p. 69）。

　指針や計画は，保育実践のすべてを網羅するようなものではありません。それを与えられれば誰でも保育ができるなどということはないわけです。保育制度の枠組みや方針があり，事前の計画があったとしても，それを踏まえて実践を作り上げていくのは保育者自身であり，そこに保育者の専門性があると言えます。

　教育者・保育者の専門性を表すものとして，D・A・ショーンによる「省察的実践者（reflective practitioner）」の概念が注目されています。旧来の「技術的合理性（technical rationality）」モデルでは，理論は他の専門家によってつくられたものがすでにあって，実践者はそれを実際向けに調節して実行する存在と考えられていました。しかし，さまざまな実践領域，とくに人間を相手にする教育・保育の場合は，既存の理論を単純に当てはめることはできません。むしろ，現実との対話の中で理論を変えていける「省察的実践者」モデルへの転換が必要だと考えられています（Schön, 1983）。

　指針や計画を絶対のものと捉えて，それを保育に適用するのは，過去の「技術的合理性」モデルの考え方です。それでは保育の現実や，子どもの側の主体性に応えることはできません。むしろ主体性を損なってでも，固定した枠組みに子どもを誘導し従わせる技術をもった保育者が，「専門家」とみなされてしまうかもしれません。これに対して「省察的実践者」としての保育者は，指針や計画を踏まえつつも，既存の枠組みに依存するのではなく，子どもたちとの

対話の中で，よりよい保育のあり方をともに考え，実現していきます。

　対話とは一方的になされるものではなく，双方向的なものです。省察的実践者の観点からは，"計画とは保育者が事前に完成させるものであり，書かれた通りに達成されるべきもの"という先入観を超えて，保育の場において，子どもたちの力を得て新たな形で実現されるものと捉える必要があります。

（3）　文書としての保育計画

1）　文書化が生み出す問題

　保育の計画は，保育環境や保育者のあり方も含めて成り立つものだと述べてきました。一方で，園の実践の中では，文書そのものとしての計画も大きな位置を占めています。

　文書としての計画については，保育の実践者としての立場から，その書き方や活用を考えていくことが必要でしょう。保育者が作成する計画は，自ら保育に臨むために，また実践を共有するための資源として生かされるものです。

　実践コミュニティのあり方を研究したウェンガーら（2002）は，「文書化至上主義」の弊害を指摘しています。書類に関する業務の増加が大きな負担となっていることは，保育界の共通認識と言えるでしょう。保育実践の立場から保育計画を再考したエフグレイヴは，重要なのは子どもとのかかわりであって，子どもに直接影響しないような書類に執着して，すべてを書き込もうとするべきではないと述べています（Ephgrave, 2018）。書類を埋めることが目的になってしまうようでは，あまりに形式的に過ぎるでしょう。単なる書類としてではなく，保育者自身にとって意義ある計画のあり方や，それに即した形式を考えていく必要があります。

　文書化へのとらわれが，保育観を歪めることも起こりえます。できあいの計画例を引き写すだけでは，目の前の子どもたちの姿も，自らの保育観も不問となってしまいます。瑣末な文言をどうするかについて指導や修正が何度も続くときには，もはや保育の中身が話し合われているのではなく，誰が支配力をもつのかに関心が向いているのかもしれません。また，文書上の論理にとらわれ

ることによって，保育実践とはかけ離れた計画が「完成」してしまうこともあります。たとえば指針にも謳われているように，保育の中で「養護」と「教育」は一体のものです。どちらかだけを純粋化するようなことではなく，養護の営みを通して教育が，教育の営みを通して養護が実現されていきます。ところが「一貫性」をもった文書化にとらわれると，「養護」と「教育」にそれぞれ別の「ねらい」が掲げられ，それに応じて別個の「計画」を立てるようなことになってきます。それでは「一体性」という保育の現実が見えなくなってしまいます（第9章参照）。

2）保育に生きる計画を

　指針や計画を踏まえて保育に臨むとき，それらの文書を文字通りの次元で受け止めるのではなく，その本来の趣旨を理解し，よりよい保育に生かしていくことが必要だと言えるでしょう。

　たとえば「計画性を一層高める」ためには，"指針を踏まえて「全体的な計画」が立てられ，それに基づいて長期の計画から短期の計画まで，すべてが整合性をもち，一律に統制されていなければならない"と考えるならば，保育から双方向性を徹底的に排除することにもなりかねません。

　大切なことは，目の前の子どもたちと対話し，その中から計画と保育を生み出していくことでしょう。育つのは子どもたち自身ですから，その主体である当の子どもたちの姿に即することなく彼らの日々の生活を計画することはできません。長期の計画にしても，短期の計画にしても，出発点が子どもたちであって，その子どもたちのためにつくられたものなら，大きな齟齬をきたすはずもないでしょう。一貫性が必要なのは，形式的な書類作業の次元ではなく，子どもたちから出発するという保育の姿勢です。根本的な姿勢が一貫していれば，保育の計画は全体と有機的なつながりをもつことができます。書類のための書類とは違って，子どもたちから出発する計画こそ，保育を支え，保育を生かすものとなるでしょう。

2　保育の計画と子どもの主体性

（1）　保育者の意図と子どもの主体性

１）計画と保育者の意図

　計画の背後には，保育者の意図が含まれています。一方，育つのは子どもた
ち自身ですから，保育者の意図と子どもたちの願いや育ちとが食い違うことは，
十分ありえます。その端的な場合が，子どもたちの主体性が否定され，形だけ
の活動が展開される「させる保育」です。計画に固執して保育者の意図を押し
つければ，かえって子どもたちを抑圧し，その成長を妨げてしまいかねません。
さりとて無計画では保育が成り立たなくなります。

　そこで，意図をもって計画を立てつつ，子どもの主体性も尊重するという折
衷案が出てくるわけですが，単純に間をとるだけでは，この問題は解決するこ
とができません。だからこそ倉橋（1953）も，「させる保育」でも「無案保育」
でもない新しい保育のあり方として，子どもの興味と保育者の準備がつながる
「誘導保育」を提唱したわけです。倉橋がこの概念を導き出していく上で両者
の関係を大変注意深く論じていることは，この問題の本質的な難しさを反映し
ているように思われます。鯨岡・鯨岡（2004）が関係発達の観点から述べたよ
うに，保育の中で子どもの思いを受け止めることと，大人の思いを伝えること
とは，両者の「非常に複雑な係わり合い」の中で進められるものであって，単
純に割り切ることができないものです。

２）大人と子どもの関係性

　鯨岡らが示唆しているように，保育が子どもの主体性を生かすことができる
かどうかは，保育者と子どもとの関係性にかかっています。倉橋も，教育とは
「教え手と受け取り手と，微細な互いの影響を，二重にも三重にも往復し，取
りかわしている極めて人間的な即ち心理的な事実である」と表現しています
（倉橋，1919，p. 304）。この言葉からも想像できるように，幼い子どもたちとか

かわる際には，言葉を超えた，無意識の相互影響も大きな役割を果たしています。私たちは自覚せざるうちにも，子どもたちに影響を与えているわけです。

　保育者が「子どもの主体性」を生かすつもりであっても，実際には反対のことが起こっているかもしれません。一見子ども自身が意欲的であるかのようであっても，保育者が陰に陽に子どもを「動かして」いる場合もあります。大人の意向に進んで従うのが望ましい「主体性」なのだと明言する人はいないでしょうが，実際にはそれに等しい保育実践も多くあるかもしれません。

　この問題は，保育の中の古くて新しい問題であり，ここですべてを扱うことはできませんが，計画について考える際にも，こうした問題が背景にあることを踏まえておくことが必要です。文書としての計画には，こうした子どもたちとの微細なかかわりの実質を書き込むことはできません。したがって計画は，一方向的ではなく相互的な，心あるかかわりを可能にするだけの余地をもった「器」として働くべきものだと考えられます。また，計画に基づく実践を振り返る際にも，保育の結果だけに注目するのではなく，保育の過程とその実質を，子どもたちとの微細なかかわりを含めて見ていく必要があると言えるでしょう。

（2）「子どものねらい」の観点

　1）ねらいを超えて子どもは育つ

　保育者の意図の中でも主要なものを言語化したのが，保育計画における「ねらい」です。これまでも触れてきたように，保育者が計画に書き込んだ「ねらい」が，保育の中でそのまま実現されるわけではありません。また，望ましいこととも限りません。むしろ，子どもたちは保育者が「ねらい」とした以上のものを学び，実現していきます。

　「正統的周辺参加（legitimate peripheral participation）」の概念によって，「学び」の概念を関係性の相から捉え直した一人であるウェンガーは，次のように述べています。

　　「学び」と「教え」とは，本来的に結びついているわけではない。教えられ

なくても，多くのことが学ばれうる。実際，学びが生まれない教えの例は，いくらもあるだろう。教えと学びとが実践の中で深く結びつくとき，その関係は原因−結果というより，資源や話し合いの性質をもつ（Wenger, 1998, p. 266）。

　ウェンガーに沿って考えるならば，「ねらいをもって保育すること」と「子どもの育ち」は，原因−結果の関係にあるとは限らないと言えます。「こう育ってほしい」と思って保育すれば，保育時間の終わりにその通りの成果が現れるとは限りません。むしろ，保育者の「ねらい」や計画，それに基づく活動は，子どもの成長にとっての重要な「資源」の一つだと考えられます。

　保育者があるねらいをもって活動を行ったとしても，子どもたちはそれを遥かに超えて，新たな体験や予想外の発見をし，そのことを通して成長していきます。保育者は，計画が達成されたかどうかだけではなく，その計画に支えられた活動を通して，子どもたちがどれだけ豊かな体験をしているのかを見ていく必要があるでしょう。

2）子どもの中に「ねらい」がある

　子どもが主体的に保育に参加しているならば，その子の中にも「ねらい」があると考えることができます。子どもたち自身がはっきりと意識しているわけではありませんが，彼らが活動に心から参加するときは，そこに自分たち自身で何らかの意味を見出し，何かを実現しようとしているように思われます。

　生活のあらゆる場面に現れる，子どもたちの「遊び感のある行為（playful action）」を取り上げたハニカイネンは，保育者のねらいを子どもがつくり変えていくことについて論じています。たとえばパラシュートをみんなで広げる活動では，保育者は運動遊びでの協働を「ねらい」としていましたが，子どもたちにとっては何よりも楽しむこと，かくれんぼすること，友達と一緒にはしゃぐことが大事だったようです。そうして遊びをくりかえすうちに，その楽しさが大人たちの間にも広がっていきました。「ゲームを始めたのも，指導にあたったのも保育者だったが，子どもたちは十分に主体として扱われていた。子ど

155

もたちの楽しさが，活動を方向づけていた」(Hännikäinen, 2001, p. 128)。

　遊びは，活動内容とねらい，準備物だけで成り立つわけではありません。遊びを遊びとして生かすことができるのは，何よりも子どもたちなのです。子どもたちこそが楽しみを生み出すことができるのであり，そこに子どもの主体性が生かされます。保育者が提案した活動であっても，子どもたちはそこに自分たち自身の「ねらい」を見出し，それに沿って活動の中身を変えていきます。

　ハニカイネンは，活動が簡単すぎる場合には，子どもたちは遊び的な行為を通して，もっとチャレンジできる活動に変えていくことを指摘しています。また，ちょっと「大人のルールに反抗してみる」ことも，子どもたちにとっての楽しみになると言います (Hännikäinen, 2001)。

　そうした子どもの側の「ねらい」を汲み取り，活動の中に生かしていくのが，子どもを主体として尊重する保育だと言えるでしょう。発達に即した計画を立てることが大事だと言われますが，実際には子どもたちの力によって，計画は発達に即したものへと作り変えられていきます。それが可能になるのは，保育者が子どもたちに耳を傾け，彼らが生み出すねらいに気づき，それを生かそうとするときです。また，「ルール」をはみ出すところにも子どもの主体性が表れると考えるなら，保育者は計画を固守するのではなく，むしろ子どもたちからのチャレンジを受け止められるような，人としての器や余裕をもっておく必要があるでしょう。

　保育の一日を振り返ってみれば，活動の中で，予定されていたねらいばかりでなく，多くの学びや成長が見られたことに気づかされます。活動の中には，事前には予測することのできない性質のねらいが内在しており，保育者はそれを実践の中で，子どもとともに発見していくのだと考えることができます。

　そのためには，子どもをよく見ることが必要になります。マーガレット・カーは，保育目標のチェックリストのような狭い視野ではなく，子どもが成長する姿をこまやかに捉える「アセスメント」の重要性を指摘していますが(カー，2012)，過程や関係性をより繊細に見ていくことは，子どもの「ねらい」を発見するという意味でも大切になるでしょう。また，それを対話の中で受け

止めて，自らの枠組みを変えていくとき，保育者は子どもとともに保育を展開
していくことができます。こうした「省察（reflection）」の重要性も，津守
(1997) やショーン（Schön, 1983）がそれぞれの立場から強調しているところで
す。

　したがって，最初に立てた計画がすべてではなく，予定されていたねらいを
達成したかどうかだけが問題だというわけではありません。それよりも，子ど
もとともに創り出した保育から，その意義を発見していくことが重要だと言え
るでしょう。こうした視点をもつことが，計画を一方的に実施するのではなく，
双方向的に実現していくことにつながります。

3　保育の計画と実践

（1）　未来に開かれた計画

１）未知をもちこたえる

　子どもたちは，事前に立てられた予測や計画を超えて，新しい発見や楽しみ
をつくり出してくれます。一般的な計画が，予想された結果を達成するもので
あるのに対して，保育の計画の価値は，予想以上のものが生まれてくるのを触
発できるかどうかにあると言えるでしょう。

　津守眞も，保育の仕事は「予め綿密に作られた設計図を実現してゆく」よう
なものではないと語っています（津守，1964，p. 32）。「教師によってひかれた
レールの上を子どもが走るのではなく，子どもが毎日の問題ととりくみながら，
未知の世界に向って歩みを進めてゆく，その歩みを支えるものが，教師の教育
計画である」（津守，1964，p. 33）。保育の計画は，あらかじめ決めておくこと
のできない未知の可能性を必ず含んでいます。未知の部分を残すのは，子ども
が新たな可能性を描き出す空間を保障するためです。保育者は，自分がすべて
をコントロールすることができない不安を抱くかもしれません。保育者は，
「多くの未知の不安定に直面して，予期しなかった要素を心の中に包含してゆ
くことのできる広い度量を必要としている」（津守，1964，p. 31）。未知なる可

能性が生まれ出てくるまでの時間を，希望をもってもちこたえるなら，子ども
にも，保育者にも，より大きな可能性が開かれるでしょう。

　津守の論考（「不安定に耐える力を養うこと」）が書かれたのは，今から50年以
上前のことです。予測不可能な未来を切り拓く力は，21世紀になって突然求め
られるようになった能力というわけではなく，ずっと以前から，人間の本質に
かかわるものであったことが分かります。計画を超えてともに創り出す保育の
中で，子どもも保育者も，未知をもちこたえるという，人間の成長を支える体
験を重ねていくことができます。

2）計画は事前に完成しない

　これまで述べてきたところから，保育の計画は，事前に完成するものではな
く，保育の場において，子どもたちとともに実現し，新たな意味を発見してい
くものだと言えるでしょう。そう考えると，より自由感をもって計画を作成す
ることができるのではないでしょうか。

　子どもたちの主体性を尊重する観点からは，設定された活動だけでなく，子
ども自身が生み出す遊びの世界が重要になってきます。「子どもから始まる遊
び（child-initiated play）」を中心とする保育において，計画はどのように捉えら
れているでしょうか。

　　計画はしばしば，大人のすることだと思われている。何を，いつ，どのよう
　に学ぶべきかを保育者が決定する。まるで学びの体験がどんなものになるか，
　未来を見通しているかのようだ。計画は実践へと引き写され，しばしば学習目
　標を子どもが達成したかどうかによって評価される。こうした教授－学習のモ
　デルにおいては，支配権も責任も確固として保育者にあり，そして個々の子ど
　もについて保育者がもつ知識と，活動を企画するスキルにかかっている。〔中
　略〕しかし，どれだけ保育者が努力し，スキルと知識をもっていても，学びは
　限定的なものになる。子どもは受動的になり，保育者は消耗してしまうかもし
　れない。これに対して，別の考え方がある。結果のための計画ではなく，可能
　性のための計画──そう捉えることが，計画のダイナミクスを変える。ここで
　は保育者の役割は，学びを促すことにある。学びを導くよりも，子どもの学び

についていくのである（Gripton, 2017, p. 8）。

　計画を未来に開かれたものと捉えるとき，保育者は「未来を事前に決定するという不可能な仕事を免れる」（Gripton, 2017, p. 20）ことができます。今日の保育の中で，子どもたちはどんなふうに遊び，育っていくだろうかと希望をもってイメージすることが，未来に開かれた計画を立てることにつながっていくでしょう。

　先に触れたエフグレイヴは，事前に立てる計画だけでなく，「現在の瞬間に立てる計画（planning in the moment）」についても論じています。保育の中で新しく生まれてくる状況や子どもの動きに，保育者はこまやかに応答していきます。そうして応答するときには，保育者は心の中に何らかのねらいを抱いています。それが，その瞬間に計画を立てることだというのです。こうした現在進行形の計画を，すべて記録するというのではなく，振り返って保育に生かしていくことを目的に，彼女は簡便な様式を提案しています（Ephgrave, 2018）。事前の計画を完成させることにとらわれるのではなく，保育の中での子どもとのかかわりのほうを大切にしながら，業務を圧迫することなく保育を支える様式を工夫していくことは，どの園でも自分たちの考えで試みてよいことではないでしょうか。

　計画は，保育の後に完成すると考えることもできるでしょう。その日の保育から見出された発見を，後から書き足していけば，その計画も，明日の保育も，豊かにされていくでしょう。保育の計画は，実践と省察によって完成するものであり，明日の実践に開かれています。

（2）　資源としての計画

１）計画と資源

　佐伯胖は，下記のように計画が資源としての意義をもつことを指摘しています。「あらかじめ想定された目的を達成する」ための「予測−実行」とは異なり，保育者にとっての計画は「資源（リソース）」と捉えられるべきだと言うのです。

　第一に「計画」はどんなに緻密に立てたとしても，実際にその場で行う行為
系列を表すものではない。第二に，人はその場に臨んだときは，使えるものは
何でも使い，これまでの経験で「身体化した」(いちいち内省しないでも状況に
適切に対応できるべく熟達化した)技能にゆだねた対応をする。第三に，その
場合，先の「計画」が有効に働くのは，たとえば，「少なくともあそこに行け
ばなんとかなる」とか，「あれだけはちゃんとやっておかないと，あとが困る」
というようなことが，そのつど浮かび上がってくるというような意味で，「資
源になる」という場合である(佐伯, 1997, pp. 53-54, 傍点は原著者による)。

　保育の計画は，手順表のようなものではなく，いつでも利用可能な「資源」
となることによって実践に役立つものになるということが述べられています。
保育者も子どもも，書類を見ながら活動をしているわけではないのです。
　「資源としての計画」の視点をもって考えてみると，保育のためのさまざま
な資源が計画を支えていることが分かります。本章の冒頭にも倉橋の言葉につ
いて述べたように，保育の計画は書類だけでなく，環境や保育者の姿勢を含ん
でいます。まったく同じ保育計画の書類であっても，もし違う園で実践したと
すれば，保育の展開は異なるものになるでしょう。子どもたちの個性も，保育
者の接し方も，用意されている環境も違うからです。
　先に挙げた「子どもから始まる遊び」の計画論では，物的環境と資源，子ど
もの興味，保育現場の組織，情動的な環境が，保育の計画を支えていることが
指摘されています。とくに自由な遊びの場合には，どんな環境が用意されてい
るかが遊びの展開に大きく影響します。また，子ども自身が自由に手を伸ばし
て使うことが保育者によって温かく見守られているかどうかという，心理的な
環境や保育者自身のあり方も重要です。
　そう考えると，計画は書類だけでなく，保育の土壌によって支えられている
ことが分かります。土壌は，一朝一夕で生み出せるものではなく，また簡単に
移し替えることもできないものです。保育環境は，大きな建造物だけではなく，
園の歴史の中で，子どもたちに何が必要なのか，そのときどきに保育者たちが
考えてつくってきたものが積み重ねられてできています。子どもたちが自由感

をもち，安心して遊ぶことのできる園の風土も，特別な保育法だけではなく，子どもたちを大切に思ってかかわってきた保育者たちによって，耕されてきたものです。

　2）コミュニティを耕す

　計画は，保育を共有する役割ももっています。また，省察によって完成するのであり，保育の中からの発見を後から書き込むことも有用だと述べました。省察は次の日の計画を触発し，上位の計画の見直しにもつながっていくでしょう。全体的な計画に沿って個々の実践を行うだけでなく，現在の保育実践と省察が深められて園の計画全体に生かされるなら，計画は双方向的なものになります。それによって，園全体の計画も見直され，豊かになっていくでしょう。

　省察は，個々の保育者によっても，園全体の連携によっても行われる過程です。先に，保育の土壌は時間をかけてつくられることについて述べましたが，計画をはじめとする文書は，園という保育の実践コミュニティを豊かにし，その土壌を耕していく手がかりになります。保育者どうし互いに伝えやすいものや，子どもの姿や保育への思いを共有しやすいものとして，園の主体性と自由な発想をもって工夫し，活用することが考えられます。

　計画と実践・省察の過程を深めていく上では，文書だけでなく，そこにかかわる人が重要になってきます。根本的には，保育はさまざまな制度や方法以前に，人間によってつくられるものです。一人ひとりの保育者が，子どもたちとの相互的な対話の中で，子どもたちの実際の姿に即した保育を実践することが第一にあります。計画や文書も，保育の実際を進めるための準備であると同時に，保育者どうしの対話を深め，互いの保育観を実践に即して理解する手立てと捉えるなら，園というコミュニティを生かすものとなるでしょう。

第 9 章

養護と教育の一体性
——相互性の観点から——

　　保育には癒しと教育の両方の機能がある。子どもは幼稚園や
　学校の中で傷つき，またその中で癒やされる。癒しのはたらき
　が失われたら家庭も，幼稚園も，学校も崩壊する。現代の学校
　の崩壊はここに深因があるのではないだろうか。
　　　　　　　　　　　　　　　　　　——津守眞「癒しと教育」

　　　　　　保育所保育の特性の一つに，「養護と教育の一体性」が挙げ
　　　　　られます。乳幼児期の教育は，ケアと切り離すことができない
　　　　　というのは，世界的な認識です。
　　　　　　子どもたちが学び育つときには喜びがあり，保育者はその喜
　　　　　びを分かち合いますが，そこに養護と教育の一体性があります。
　　　　　その営みは，保育者の心遣いはもちろんのことながら，子ども
　　　　　の能動性によっても引き出されていく相互的な性質をもつもの
　　　　　です。本章ではこうした実践のあり方を，実際の子どもとのか
　　　　　かわりに即して考えていきます。

1　「養護と教育の一体性」を改めて考える

（1）　保育所保育指針の改定とその影響

　保育所保育において「養護と教育が一体的に」行われることは，かねてから
強調されてきました。2008年に「保育所保育指針」（以下，指針とします）が計
画性を強調する形で改定された際（第8章参照），この概念も新たに計画性を加
味して示されるようになっています。
　基本的には，2008年の「保育所保育指針解説書」に「養護的側面と教育的側
面は切り離せるものではなく，養護が基礎となって教育が展開されます」（厚
生労働省，2008a, p. 57）と述べられているように，養護と教育の不可分性が強
調されており，2018年の改定でもこの記述は引き継がれています。一方2008年
の「改定の要点」では，「養護と教育が一体的に展開される保育所の生活にお
いて，保育の内容をより具体的に把握し，計画−実践−自己評価するための視
点として『ねらい及び内容』を『養護』と『教育』の両面から示しています」
と説明されました。今回の改定では，「養護は保育所保育の基盤であり，保育
所保育指針全体にとって重要なもの」であることから，「養護に関する基本的

事項」は総則で示されることになりました（厚生労働省，2017，pp. 6-7）。

　それまでは一体的に示されていた保育の「ねらい及び内容」が，養護と教育の両面に分けて書かれるようになりました。本来一体だったものが，二つに分けて示されるようになったのです。さらには，それぞれの側面について別々のねらいと内容が掲げられており，それをもとにした「計画－実践－自己評価」を行うこととされました。

　これを保育者はどのように受け止めるべきでしょうか。もしこの部分だけを見て文字通りに従い，「養護」と「教育」について別々の計画を立てるなら，それはもはや「一体的」とは言えないのではないでしょうか。それでは形だけの「一体性」を掲げながら，実際には養護と教育を二分化することになりかねません。

　しかし，2008年・2018年のいずれの改定においても，「実際の保育においては，養護と教育が一体となって展開されることに留意する必要がある」（厚生労働省，2017，p. 13；厚生労働省，2008b，p. 12）ことが述べられており，名目だけでなく実践においても，養護と教育が一体のものであるという認識は変わっていません。ただし，上述のように「二分化」の誤解を招きかねない危険性を考えると，単に実践上「留意」するだけでなく，改めてこの点について理解を深めていく必要があるでしょう。

　本章では養護と教育の一体性にかかわる議論を踏まえて，計画性との関連について考えていきます。また，具体的な事例をもとに，養護と教育が一体となって展開されている様子や，それが相互的なものであることについて論じます。

（2）　養護と教育をどう捉えるか

1）本来的な一体性

　養護と教育が切り離せないものであることは，指針にも謳われてきましたが，それは制度上の問題を超えて，育つ・育てるという営みにとって本来的なものだと考えられます。

　佐藤学はネル・ノディングズのケア論を踏まえて，「ティーチング」と「ケ

アリング」の関係を次のように論じています。両者は人類の歴史においてもともと一体でしたが，近代的な教育が制度化されるとともに，ティーチングだけが「純化」して抽出されました。ケアリングはそれに伴う「ヒーリング」とともに切断され，「シャドウ・ワーク」として，女性たちに背負わされます。ケアリングを失った現代の教育は多くの問題を生み出しており，今こそケアリングを基礎に教育を再生しなければならないといいます（佐藤，1995）。津守眞も，冒頭に挙げたように，癒やす機能があって初めて保育・教育の現場が生きたものとなることを指摘しています。

　「いつくしみ世話をする」というケアリングと教育とを一体的に行うことは，保育園のみならず，あらゆる教育にとって本来的なものであることが分かります。佐藤は長い間女性によって担われてきた保育の仕事を例示していますが，保育園においてはケアリングを切断することは不可能であり，ケアリングと教育が一体のものとして，専門性をもって担われてきた歴史があります。

　2）「働き」としての養護と教育
　養護と教育の一体性は，日本における保育・幼児教育の草創期から重視されてきました。このことについて倉橋惣三は，こう述べています。

　　幼児の場合，教育の純化は不可能であり，不自然である。そこには，最もナマな生活に触れ，また，それを通してのみ行なわれる教育があるだけである。ともに遊ぶことなしに教育は行なわれない。身辺の行き届いた保護撫育を与うることなしに教育は行なわれない。少なくも，それらの生活接触と織りまぜられることなしに，教育を生活からかけ離れさせて行なうことは出来得ない。そこに，年長児童の教育の場合と異なる様態を免れないのである。免れないとは，生活からかけ離れた様態の方を主にしての見方で，逆にいえば，そこにこそ，そうした教育様態の妙味が存するのである（倉橋，1967，p. 272）。

　先に挙げた佐藤と同様に，「純化」の不可能性が指摘されていることは興味深い点です。制度化の際には，しばしば概念の「純化」が好まれますが，それ

がかえってケアリングのように根本的な側面や，人間的な営みのリアリティを
「切断」する弊害を招くことがあります。

　逆に言えば，教育の「純化」のみならず，養護の「純化」，「ただ世話をする
だけ」というようなことも，不可能です。心を込めて子どもたちと生活をとも
にするなら，子どもが抱くはてしない好奇心や，身体ごと自らの可能性を広げ
ていく探索行動など，成長しようとする力に応えざるをえません。そうでなけ
れば，保育時間を和やかに過ごすことなど，とうてい無理なのです。子どもた
ちが伸びようとする力に導かれて保育者がそれに応えるとき，それは子どもの
心身を支える養護の営みであると同時に，子どもたちが今必要としている教育
を与えることになるでしょう。

　教育が生活を通して，生活と「織りまぜられ」て行われざるをえないという
倉橋の言葉は，幼い子どもたちにとって養護と教育が切り離せないものである
ことを示しています。同じことを，幼保一元化実践の先駆者である守屋光雄は，
こう表現しています。

　　私は，保育という言葉を，保護プラス教育とか，保護教育とか考えるのでな
　く，「乳幼児（期）の教育」をこそ「保育」と呼ぶべきであると思う。保育は
　教育の対立概念として捉えるべきではない（守屋，1973，p. 17）。

　ここでは，養護と教育が単なる「プラス」では捉えられないことが指摘され
ています。あるときは養護，あるときは教育というように，その場その場でど
ちらかに切り替えるようなものではないわけです。それでは養護と教育を二分
化してしまうことになるでしょう。

　二分化の誤解は，鯨岡峻が言う「働き（機能）」の考え方によって解くこと
ができます。彼は2008年の指針改定時に，養護と教育は次のように理解される
べきだと論じています。

　　本来，保育の場のかたちに関係なく，「保育というものの特性」あるいは

「養育というものの特性」，より一般化すれば「育てるという営みそのものの特性」と理解すべきだというのが，これまでの私の主張である。〔中略〕従来の「養護」や「教育」は，ちょうど学校教育の教科と同じように，指導すべき内容（領域）を指す言葉として使われている。これに対して，私や新指針の解説書の立場は，これを保育者の子どもに関わるときの働き（機能）として理解しようとしている（鯨岡，2009，pp. 57-58）。

　鯨岡によれば，「養護」や「教育」は教科領域のように異なる内容をもつものではなく，保育者と子どもとのかかわりの中に，「受け止め・認め・支える」養護と，「伝え・誘い・導き・教える」教育との両方の働きが，本来的に含まれていると捉えられます。ここで示された「働き」の観点は，すでに保育者たちが積み重ねてきた実践の中にある専門性を，改めて理解することを可能にします。

　このことは，単に指針の理解にとどまらないことです。たとえば，幼稚園をはじめとする他の教育現場では「養護なき教育」が行われてよいということではありません。佐藤や鯨岡が示しているように，あらゆる教育は本来的にケアリング，あるいはヒーリングを伴うべきものです。指針や幼稚園教育要領を文字通り捉えて，そこに書かれてあることだけにただ従うのではなく，一人ひとりが主体的に保育・教育を根本から考えるならば，その実践の本質は共通するものになるはずです。その上で，保育園においては幅広い生活領域にわたって，乳児から幼児までの継続的な発達を踏まえた形で，養護と教育が一体となった保育が実践されるところに，歴史的に培われてきた専門性があると言うことができます。

　3）保育所保育指針に見る「構造化」の問題

　冒頭に述べたように，2008年の改定以降，指針においては養護と教育が分けて示され，それぞれの「ねらい及び内容」が設定されるようになりました。その背景には，この改定が「保育指針そのものの構造化」（天野，2009，p. 98）を進め，「計画性を一層高める」（厚生労働省，2008a，p. 119）ものであったことが

挙げられます。ある面では，保育所保育の専門性をより強調しようとする意図
があったのかもしれません。

　しかし，新たに分けられたことによって，養護と教育が異なるねらいと内容
をもつ別々の領域として誤解される危険性が出てきました。この危険性につい
ては次のような指摘があります。

　　分けて表記されたことにより，特に三歳未満児において，養護と教育が別々
　のものと捉えられる可能性も大きくなりました。ここを混乱しないためにも，
　保育は「養護と教育が一体的に行なわれるものである」ことの意味を具体的に
　理解しておくことが重要と考えられます（阿部，2009，pp. 131-132）。

　実践というものは言葉では割り切れない側面があります。また，全人的な営
みである保育は，構造化してもしきれない広がりをもっています。本来は分け
られないものを「構造化」して別途記述したのは，あくまで保育の専門性を確
認するための一つの視点であり，いわば仮の分類であることを認識しておく必
要があります。

　むしろ実践の中では，養護の働きも教育の働きも，一日の保育の流れの中で
自然と実現されているものです。このように，養護と教育という二つの「働
き」を実際の保育の中で一体的に行うことができる実践知こそが，保育者の専
門性と捉えられるでしょう。

　4）保育計画との関連

　指針における「ねらいと内容」は，保育の計画に結びついています。養護と
教育について別々のねらいと内容が示されるようになった2008年改定時の保育
所保育指針解説書には，次のように述べられています。

　　養護的側面と教育的側面は切り離せるものではなく，養護が基礎となって教
　育が展開されます。〔中略〕さらに，養護に関わるねらい及び内容の「生命の
　保持」と「情緒の安定」，教育に関わるねらい及び内容の5領域が，それぞれ

に関連を持ち，折り重なりながら日々の保育が一体的に展開されていきます。

　こうしたことを踏まえ，子どもの発達の様々な側面を捉え，自らの計画とそれに基づく保育を振り返り評価していくうえで，それぞれのねらい及び内容を作成していくことは保育の質と専門性の向上につながると考えられます（厚生労働省，2008a，p. 57）。

　ここでは，養護と教育の一体性を示した上で，「それぞれのねらい及び内容を作成」することが奨励されています。両者が切り離せないものだとした直後に，それぞれの計画を作成すべきだと述べられているために，混乱が際立っています。

　しかし，養護と教育の一体性が基礎にあることを踏まえれば，その実現のための計画のあり方について，ここに書かれていることをあまり教条的に捉えるべきではないと考えられます。日々の保育の具体的な部分まで，養護と教育それぞれに別々のねらいと内容を盛り込んだ計画が作成され，それぞれに実践・評価がなされるなら，それはもはや一体的な展開などではありえないことになります。それではむしろ，「保育の質と専門性の向上」に反する結果となってしまうでしょう。

　保育の実際の中では，養護的な側面はすべてに浸透しています。環境を構成する際にも，子どもの活動に応える際にも，保育者はこまやかな配慮・援助を行っており，そこに養護的な側面が内在しているのです。指導計画の作成にあたっても，一日に一つ大きなねらいを立ててその達成を評価するというのではなく，あらゆる環境構成・保育者の配慮・援助の中に養護的側面が現れると考えるべきでしょう。

　養護的側面を抽出して計画するのが困難なのは，それが応答的な行為だからでもあります。ケアとは，相手が望んでもいないのにこちらから押しつけていくようなものではないでしょう。そのときどきの子どものニーズから出発して，応答的なやりとりの中で進められていくものであって，あらかじめすべてを決めておくことはできません。

　また教育の「ねらい」も，養護的側面と切り離すことはできません。保育者

は子どもに体験してもらいたいことを，しばしば「〜を楽しむ」といった形の「教育のねらい」として表現しています。乳幼児期の教育にとっては，楽しみと切り離して何かを「身につけさせる」ことはできません。私たち大人だって同じことでしょう。そこにはすでに「情緒の安定」という養護の働きが含まれています。楽しみながら育つことのできる園の風土と切り離されたところで，純化された「教育」を行うことなど無理なことです。養護と教育はもともと切り離せないものであって，別々の計画をもって進めることは実際的にも困難なのです。

　保育の計画は，子どもたちとの生きた関係の中でつくられ，実践されるものであることも認識しておく必要があるでしょう（第8章参照）。ノディングズは，ケアに基づく教育を論じる中で次のように述べています。

　　ケアリングには決まった手順がないということを理解するなら，専心（あるいは関心）がいかに重要であるかがわかる。真にケアする者として応答するためには，人はその魂の中身を空にしなければならない。「そうか，この人はケアを必要としている。となると……七つの段階を踏まなければならないな」というようなことを言うことはできない。ケアリングは，関係の中にある状態であって，特定の行動の組み合わせではない（ノディングズ，2007，p. 46）。

　ここでは，ケアはマニュアルによって行われるものではないことが明らかにされています。相手とのかかわりの中で自らの心から生まれてくるものが，重要な役割を果たしているわけです。保育者はいつもさまざまな準備をしているにしても，その実践は，手順表のようなものに従うのではなく，そのときどきの相手とのかかわりの中で行われます。

　したがって保育の計画を立てる際には，指針を教条的・機械的に当てはめて「それぞれの」ねらいや内容を作成するのではなく，養護と教育の一体性への理解に基づいて計画の全体を作成することが必要でしょう。その計画は，子どもたちとの応答的な関係の中で実践に移されることで，保育の中に生かされていきます。

2　養護と教育の一体性とその実際

（1）　養護と教育の一体性——事例から考える

　それでは，実践の中で，養護と教育はどのように一体のものとして展開されるのでしょうか。ここでは，養護面を見てとりやすい0歳児クラスの事例を取り上げて考えます。

　事例は，第Ⅱ部でも取り上げたA保育園の0歳児クラスでの観察によるものです（観察の状況については，本書第3章を参照）。ここで取り上げるのは特別な事例というよりも，むしろ日常的に見られる保育場面の一つですが，そんな何気ない場面にこそ，保育者の自然なかかわりや配慮のあり方を見てとることができます。

〈事例9-1〉鏡を通して

> 　0歳児のDくんがカーペットの上に腹ばいになっている。ちょうど目の前に，箱形の手作りおもちゃが置かれている。おもちゃには，子どもが手を入れたりのぞいたりできる穴が開いていたり，鏡やボールなどいろいろな道具がついている。Dくんはそれに興味をもって，上体を反らして顔を向ける（**写真9-1**）。
> 　保育者が鏡を指さし，「Dくん，映ってるね」と声をかけると，Dくんは足をばたばたさせて喜ぶ。自分が映っていると思ってうれしかったのか，いっしょに見てくれているのがうれしかったのか——その両方かもしれない。

　Dくんはちょうど，ハイハイの姿勢から上体を反らせる力がついてきているころです。その発達に合わせて，保育者は箱型の手作りおもちゃを置いてあげたり，そこについている鏡を指さして見せることで，Dくんが何かをつかもうとする経験をしたり，上体をそらし，首や腕で重い頭を支えようとする機会を提供しています。頭を高い位置に保つためにDくんは全身の力を発揮していますが，そうできたことや，それが保育者に見守られているのを感じることで，もっとやってみたいという気持ちが自然と生まれてきているようです。

写真9-1　0歳児・鏡越しに通い合う心

　そのとき，子どもが自分から興味をもてるような保育者のかかわりが大事になってきます。どういうタイミングで提示するか，その子の様子を見ながらどう声をかけるかなど，保育者のまなざしや言葉がけのあり方が，子どものうれしさにつながります。Dくんが体中で喜びを表現し，鏡を通してかかわる遊びをくりかえし楽しんだひとときの中に，子どもと保育者との自然で相互的なかかわりが成立していることがうかがえます。

　この場面では，鏡を通して保育者と思いがつながると同時に，Dくんはそこに自分自身や保育者が映っていることにも気がつきます。このとき，信頼関係によって心が支えられることと，気づきによって知的な世界が広がっていくこととは，一体になっています。ここでは，養護的であると同時に教育的なかかわりが，切り離すことのできないものとして展開していることが示されています。

　保育者のここでのかかわりは，あらかじめ計画しつくされたものではありません。もちろん，手作りのおもちゃをはじめ，季節に応じた過ごしやすい保育室など，子どもたちに応じた環境が念入りに準備されており，一日の計画の中

ではさまざまな配慮があらかじめ頭の中にあります。佐伯胖の言う「資源」としての計画は，十分に用意されているわけです（佐伯，1997；本書第8章参照）。しかし，そのときどきの具体的な声かけや身体的次元を含むかかわりは，一人ひとりの子どもの状況に応じて行われています。事前に立てられた計画以上に，子どもたちに引き出される形で，その都度生み出されるのです。

　保育者の応答は，子どもによって引き出されることについて述べました。養護的側面であれ，教育的側面であれ，子どもたちは保育の営みに能動的にかかわっているのです。ケアが一方的なものではなく，相互的なものであることについて，ノディングズはこう述べました。

　　ケアされる者の貢献は無視することができない。母親と幼児の関係を考えてみよう。いかなるケアに満ちた出会いにおいても，母親は必然的にケアする者であり，幼児はケアされる者となる。しかし，幼児は甘え声を出したり，這い回ったり，じっとものに見入ったり，笑ったり，手を差し出したり，抱きついたりして，応答する。こうした応答は心暖まるものであり，ケアの行為をやりがいのある経験としている。〔中略〕このように，関係におけるもう一方の側が，ケアする者の立場を取り得ないときでさえ，純粋な形の相互依存関係があり，それは二人の関係に不可欠なものである（ノディングズ，2007，pp. 45-46）。

　ケアとは，「する－される」という一方向的な行為ではなく，相互的なかかわりによって成り立つことが，改めて分かります。先に，養護と教育を，「受け止め・認め・支える」働きと，「伝え・誘い・導き・教える」働きとして捉える鯨岡（2009）の考えを紹介しました。しばしば保育現場でも，養護とは保育者の配慮であり，教育とは子どもが身につけるものだという考え方を聞くことがあります。しかし実際の保育においては，いずれも子どもとの相互的なかかわりの中で，子どもの能動性が生かされる形で行われていることが分かるでしょう。相手を人間として尊重する関係の中では，一方的にこちらが養護する，教育する，支援するというようなことは起こらないものだと思います。

　この事例でも，Ｄくんの能動的な力や応答が，保育者のかかわりを引き出し

ています。Dくんの楽しげな笑顔は保育者に向けられていますが，その場で見守る私たちの心をも温かくしてくれました。保育の中で子どもたちは，ケアされ，養護されているのはこちらのほうかもしれないと思うほどに，私たちに多くのものを与えてくれます。

　Dくんは，保育者の養護的かかわりに支えられて情緒の安定を得るというだけでなく，自ら能動的にそのような人間関係を引き出す力を発揮し，伸ばしているのです。そう考えると，養護されるという体験そのものに，すでに教育が内在していると捉えられます。保育におけるかかわりを具体的に，詳細に見ていくならば，養護も教育も，保育者と子どもとがともに創造する営みなのだということができます。

　このような相互性は，保育者と子どもの一対一の関係を超えて広がっています。Dくんと保育者が生み出す楽しさは，まわりの子どもたちやクラス・園にも広がっていきます。同様に，園という場が人間的で温かなものであることによって，Dくんと保育者がくつろいだ気持ちで自然にかかわることを可能にしています。養護の働きにしても，教育の働きにしても，保育者個人と子ども個人の関係だけではなく，園というコミュニティに支えられて展開するものです。保育者の実践知は，その保育者一人の中で完結するものとして「計画－実践－自己評価」されるばかりではなくて，場によって支えられているという実践コミュニティの観点（ウェンガーら，2002）からも捉えることができます。

　ケアの実践知は言葉にしがたい性質をもっていることも，保育を考える上では重要です。事例では，子どもと保育者が互いに養護的・教育的なかかわりを引き出しあっていることについて述べましたが，こうしたかかわりは，子どもはもちろん，保育者にとってもその場ですべてが意識されているわけではありません。ノディングズが言うように，ケアはステップを踏んで行われるようなものではありません。むしろ，言葉を超えた次元でのかかわりを要する子どもたちに応答する上では，すべてを意識的・意図的に考えることが臨機応変なかかわりを妨げることもありえます。

　養護と教育の一体的な展開を，ことさらに言葉にしなくても，保育の自然な

流れの中で，自らの身体を含むかかわりの中で実践できるところに，保育者の専門性があると言えるでしょう。

（2）　保育の専門性を育むために

1）省察と計画

2008年・2018年と続く指針改定を通して，保育士の専門性としての養護と教育の一体性が改めて強調されるようになりました。一方これと同時に，保育の計画性を徹底することも盛り込まれたので，かえって養護と教育の一体性への理解が難しくなっているように思われます。

第8章で論じたように，生きた人間を相手とし，そのときどきに生まれ来る心身のニーズや発達の芽を汲みとって応答する保育の営みは，あらかじめ計画しつくすことができないものです。「計画性」をあまりに機械的に受け取って保育の各領域を分断するような捉え方をしてしまうと，本来の全人的な保育の営みが損なわれかねません。

保育の計画は実質において，環境や一人ひとりの保育者が培ってきた実践知，子どもの能動的な働きかけ，保育的なかかわりの背後にある配慮，それらを支える園のコミュニティを含むものであり，そのいずれもが養護の働きと教育の働きの両方をもっています。これらをそれぞれに深めていくことが，養護の計画を詳細な文書にすることよりも，かえって計画を有機的な意味で一貫性あるものにするでしょう。

先に挙げた事例からは，一つの保育的かかわりの中にも，さまざまな養護的・教育的意義が見出せることが分かります。一日の保育を振り返ってみれば，事前の計画を超えてさまざまな発見が生まれてきます。「養護のねらい」が達成されたかどうかといった特定の結果を追うだけでなく，省察から生まれる気づきを深めていくことが，計画そのものも，次の保育をも豊かにしていくでしょう。

２）保育の理念と実践を深める

ここまで「養護と教育の一体性」の意義について考えてきました。ケアなくして乳幼児期の教育は不可能だということは、保育学の開拓者たちが共通に論じてきたことです（Jarvis et al., 2017）。指針に定められているから重要だというよりも、保育の本質だからこそ指針に取り入れられているものです。

理念としては共通であっても、その具体化である実践は、園によっても保育者によってもさまざまに異なります。ケアは心から生まれると述べましたが、それだけに保育者の個性や持ち味とも深くかかわっています。

指針は保育のマニュアルとは違います。それは日本における保育の枠組みであって、その具体化はそれぞれの園と保育者に任されています。いつも実践の中で自分自身の保育を深めていることがまずあって、それを支え方向づけているのが指針だと捉えられます。

したがって、指針を文字通り受け止めて書類を整えることが、本来の目的というわけではないでしょう。事例にも示したように、日々の保育を振り返れば、「養護と教育の一体性」といった理念の意味も新たに広げられます。実践を通して保育への理解を深めることは、新たな実践を生み出すことにもつながるでしょう。保育者にとっての指針は、こうした省察の過程を促す役割を果たすものと捉えるなら、保育の実際にも生かされるのではないでしょうか。

第10章

地域に開かれた
子育て支援の実際

　育児には特にこうしなければならないということはない。ありのままの自分を出して，子どもと生きていけばよい。だからこそありのままの自分を，少しずつ磨けるようにと思う。

　　　　　　　　　　　　　　　　——津守房江『育てるものの日常』

　　　　保育園は，園の子どもたちと保護者だけでなく，地域の子育
　　　て支援の役割をも担っています。園によって，地域によって，
　　　そのあり方はさまざまです。ここでは二つの園での実践例をも
　　　とに，保護者支援のあり方について考えます。
　　　　園の多様な実践は，地域とのつながりの中で，子どもたちの
　　　遊びがもつ力も生かしながら行われています。また相談活動の
　　　実践からは，子どもへの思いをともにする中で，支援者の側も
　　　学ぶことが多くありました。

1　子育て支援の実際から考える

　2008年に改定された「保育所保育指針」（以下，指針とします）では，「保護者
に対する支援」という章が設けられ，入園している子どもの保護者に加えて，
それ以外にも，地域の子育て家庭への支援を行うことが明記されました。指針
に定められる以前から，園庭開放や行事への参加，保育相談など，それぞれの
園で可能な保護者支援・地域支援への取り組みが進められてきたところです。
2018年の改定では，「子育て支援」の章が設けられ，保育士養成課程で教授す
る内容も増やされています。
　通常の園の枠組みを超えて行われる支援であるだけに，各園ではさまざまに
個性的な取り組みがなされており，その実際から学ぶことは多くあります。こ
こでは，二つの園での実践を取り上げます。A保育園では，日常の保育とつな
がる支援がなされているのが印象的でした。Eこども園では，筆者（伊藤）も
相談支援のアドバイザーとしてかかわったので，その体験を踏まえて，子育て
支援のあり方を考えていきます。

2　園の保育とつながる地域子育て支援の実際

（1）　A保育園における地域子育て支援

まず，園の保育と地続きの形で地域子育て支援を行っているものとして，第Ⅰ部・第Ⅱ部でも観察を行ったA保育園の実践を取り上げます。通常の保育観察に加えて，子育て支援が行われる日に月1回程度訪問し，年間を通した関与観察を行いました。実践のすべてを網羅するということではありませんが，子育て支援のあり方について考えさせられた，特徴的な場面を挙げていきます。

本園での地域子育て支援（以下，呼称の一部をとって「メイト」と呼びます）は，指針に定められる以前から，30年近くにわたって行われてきました。地域の子育て家庭の子どもと保護者が，保育園で遊ぶこと，話すこと，育児相談などが行われています。メイトに登録した地域の保護者は，月2回・午前中に，子どもと一緒に参加します。これに加えて，平日の午後は園庭開放も行われています。

（2）　特色ある取り組み

1）遊びを通した支援

地域の保護者と子どもは，月2回あるメイトの日に園を訪れ，園庭でさまざまな年齢の子どもと一緒に遊んだり，また各年齢のクラスの中に入って遊んだりして午前中を過ごし，給食も食べて帰ることができます。離乳食の時期の場合も，申し込めばそれに応じたものが提供されています。子どもたちが一緒に遊んで過ごせることが，支援の一つです。

観察10-1　みんな一緒に

砂場で子どもたちが遊ぶとき，園の子どもも地域の子どもも一緒になって楽しんでいる。同時に園の先生も地域の保護者もその場に入り，一緒に子どもと砂で遊ぶことで，保護者も笑顔になった（本章扉ページの写真を参照）。

　子どもたちは，園の子どもであれ，地域の子どもであれ，自然と分け隔てなくかかわり合い，一緒に楽しんでいました。子どもたちが楽しく遊ぶことで，まわりの大人も明るく開放的な気持ちになることも伝わってきました。

　毎回の遊びの時間では，メイトの保護者に向けて，親子で楽しむ工夫がさまざまに伝えられていますが，園の保護者にも同様の支援がなされています。参観日の後など，毎月親子で体験するわらべうたの時間を設けたり，お迎えの時間に手作りおもちゃを一緒に作って，持って帰ることができたり，子育てをより楽しめるような支援が日常の中に取り入れられています。

　保育にとって，遊びは成長の基本的な媒体であり，園の中にはいつでも遊びが生まれています。子どもと大人がともに楽しむ遊びの世界を，体験を通して，それを園の保護者であれ地域の保護者であれ，家庭にもつながるものとしていく支援がなされていました。日々子どもたちが生き生きと遊ぶコミュニティがあるからこそ可能になっている点で，保育園らしい特性を生かした支援だと言えるでしょう。

　2）食を通した支援

　遊びだけではなく生活面についても，さまざまな支援が行われています。先に触れたように，メイトの日には子どもと保護者が一緒に園の給食を食べる体験ができるのも，その一つです。その他に，離乳食に関する講習会も開かれていました。

[観察10-2]　離乳食の講習会

　この講習会には，園の保護者と，これから入園予定の子どもの保護者（現時点では地域の保護者ということになる）も，ともに参加しています。栄養士がやり方を示しながら，担当の保育者とともに，保護者に離乳食を作る体験をしてもらっていました。実際にやってみる中で，離乳食の意義やその実際について説明したり，手際よく作るやり方を実地に見せたりしているのは，保護者にとっても分かりやすいようでした（**写真10-1**）。

写真10-1　離乳食を作る体験

　園の保護者も地域の保護者も，子育ての中で直面する課題には共通のものがあります。生活上の共通のテーマについて，楽しみながら取り組むことができるのは，どちらにとっても支援的だと思われます。また，一緒に取り組む中で，保護者どうしのつながりも深められていくのを見ることもできました。

3）話し合い・相談による支援

　メイトでは，年間を3期に分けてさまざまな支援を実施していますが，各期の最終日には，保護者の話し合いの会が開かれます。話し合いの間，子どもたちはホールで保育者と一緒に遊んでいます。ときには保護者が子どもと離れて，保護者どうしで話し合う時間をもったり，保育者に相談できることも，気分をリフレッシュする機会になるようです。

　年間を通じて，話し合いの回が重ねられていきましたが，その間にも子どもたちは成長していきます。その様子を分かち合いながら，保護者どうしの親しみが深まっていく様子を見ることができました。

（3）　地域をつなぐ拠点としての園

　園の保育とつながる子育て支援の実際を見てきました。園の保護者も，地域の保護者も，それぞれの置かれている状況や一人ひとりの個性は違っても，子どもを育てる生活の中で取り組んでいることには通じ合うものがあります。日々の取り組みや喜び，楽しみを共有していくことを通して，園は地域の家庭を結びつけていきます。

　子育て支援は一方向的に行われるのではなく，相互的なものであることも見ることができました。園の子どもと地域の子どもがともに遊ぶとき，どちらにも楽しさが生まれます。地域の保護者が訪れることで，園の子どもたちにとっても大人とのかかわりが広がり，また夏祭りなどの行事では地域の人々が参加・協力して，園も活力を与えられる機会となっていました。

　現代は地域のつながりが希薄化しているとの指摘もありますが，そうした流れの中で，園は地域における子育ての実践コミュニティをつなぐ拠点としての役割を果たしていることが，改めて分かります。こうしたコミュニティの土壌は一朝一夕にというわけではなく，長年の取り組みや日々のこまやかな配慮の積み重ねに支えられて育てられてきたものです。それだけに，園の実践の蓄積から学ぶことも多いと考えられます。

3　子育て支援における相談活動

（1）　Eこども園における地域子育て支援

1）実践の概要

　Eこども園では，園内に子育て支援センターを設けて，さまざまな地域子育て支援を行っています。筆者（伊藤）はこの園で2年間にわたり，アドバイザーとして月1回の相談支援に携わりました。

　この園では，次のような子育て支援が行われています。

①園庭開放：平日は，園の特別な行事がある日を除いて，毎日園庭や子育て支援センター室を利用できるようにしている。

②育児相談：月1回，アドバイザーによる相談を行っており，面談室も設けられている。

③身体測定・健康相談：子どもの健康・発育を支援する活動を行っている。

④季節の行事：その月ごとに，季節に応じた行事や親子遊びなど，地域の子どもと保護者がみんなで集まって楽しめる活動を行っている。子どものためのレシピ集など，デザインを工夫してともに作成し，分かち合うなどして，保護者も積極的に参加している。

定期的に通う保護者・子どもも多く，行事の日などには30組ほどの親子が集まって，充実した活動が展開されています。子育て支援センターのおたよりや上述したレシピ集など，活動の楽しさが伝わり，子育てのヒントにもなるようなコミュニケーションがさまざまに工夫されていました。

2）相談の環境

筆者は上記のうち，育児相談を2年間にわたって担当しました。初めのうち相談は面談室で予約をとって行っていましたが，回を重ねるうちに，参加者の状況を踏まえて，次第に子育て支援室（『遊びの部屋』）の中で，子どもたちが遊ぶのを一緒に見守りながら，保護者と自然な形で会話するようにしました。その上で，必要に応じて相談コーナーを設定したり，面談室を使用したりするなど，柔軟な対応を行いました。

改まった「相談」という形から入るよりも，子どもたちが楽しく遊ぶ様子を見ているほうが，保護者にとっても話しやすいようでした。ハイハイで膝までやって来る子どもを，筆者も抱き上げさせてもらいました。お母さんたちも，他の大人がその子を大切にすることを喜んでくれて，そんなきっかけからも話しやすい雰囲気が広がりました。

こうした自然な雰囲気の中で筆者が行った相談支援について，次に二つの事例を挙げます。事例を研究に用いることについては園から承諾を得ており，また相談内容については個人情報を含まない形としました。

（2）　相談活動の実際から

〈事例10-1〉絵本をめぐる会話

　０歳児を連れた母親たちが集まった日。ハイハイやつかまり立ちを始めたころの子どもたちは，子育て支援室の中にあるいろいろな遊具に興味を示している。クッション巧技台が目に止まれば，何度もその上を渡って楽しんだり，絵本棚があれば，そこにつかまり立ちをしてみたりと，場の中にあるどんなものも，自分らしい遊びへと生かしていた。

　ある子どもが，棚から取り出した絵本を，母親のところに持っていった。家にあるのとは違う絵本がたくさんある環境の中で，母親も楽しみながら，一緒に絵本を読んでいる。そんな中で，筆者と母親たち（以下，Ｆさん・Ｇさん）の間にも何気ない会話が広がった。

Ｆさん：うちの子，絵本もめくるけど，私の読んでいる本もめくるんです。編み物の本なんかも……この子，読書好きになるんでしょうか。

筆者：そんな素質があるんでしょうね。子どもは絵も見ているし，子どもが載っている写真なんかも好きだし，何でも関心をもって見ますね。めくるというのは大切なことで，その子が何に興味をもっているのかが分かるし，それだけじゃなくて，手の動きの成長なども見られますね。

Ｇさん：うちの子は，本を開いてパラパラ……とめくるんです。私がそんなふうにするからでしょうか。

筆者：そんな読み方，パラパラ……ができることがすごいことですね。

　こんな話を何気なくする中で，その子たち一人ひとりの伸びていく力や個性，それぞれに楽しく思っていることを目の前に感じとり，共有することができた。

　自由に遊べる環境が用意されていれば，子どもたちは自らの力で遊びを創り出していきます。遊具や絵本など，家庭にあるものとは異なる環境に出会えることも，子どもたちの興味や関心を触発しています。いつもとは少し違う形で子どもたちの世界が広がるのと同時に，筆者は保護者にとってもこの場に来ることを通して，新しい体験を楽しんでもらえればと願っていました。

　子どもたちの遊びが広がるときには，ふとしたきっかけから，ともに見守っ

ている保護者との間に会話が広がり，心が通い始めます。何気ない会話の中に
も，保護者がいつもその子の成長を願っていることが伝わってきます。その思
いを受け止めているこちらの心にも，子どもと保護者への敬意が生まれてきます。

　保護者たちは，育児書やネットの断片的な情報にさらされたり，他の子ども
と比べてうちはどうだろうかなどと気にしたりして，不安を抱くこともありま
す。そんなとき，子どもたちが自分らしく遊べる守られた環境の中で，他の保
護者たち・子どもたちと，互いの違いを尊重しながらかかわる体験ができるこ
とには意味があるのではないでしょうか。子育ての「相談」に明確な正解を与
えることよりも，育てる時間をともに楽しみ，ともに考える体験をすることが，
支援的だと考えられます。

〈事例10-2〉生活の節目を迎えて

　真っ白なロンパースがよく似合う０歳児の男の子が，子育て支援室の手洗い
場のところで，つかまり立ちにチャレンジしている。流れる水に手をやって感
触を楽しんだり，興味がおもむくままに遊んでいるが，母親（以下，Ｈさん）
も「だめよ」などとは言わずに，ただ転んだりしないようには気をつけながら
見ている。筆者も同じ思いでその子を見守っていた。
　そんなとき，ふとＨさんが筆者に，「もうすぐ職場に復帰するので，この子
も保育園に入るんです。朝，離乳食をちゃんと食べてくれればいいんですけど
……」と言った。筆者は，「新しい生活が始まると，お母さんもいろいろと大
変ですね。最初からすべてうまくいくというわけではないかもしれないけど，
少しずつ，お母さんもお子さんも，慣れていったらいいですね。そして，きっ
とそうなっていくんでしょうね。保育園の先生方も，子どもたちが慣れてくれ
るように，心を尽くしてくださると思いますよ」と伝えた。

　それからＨさんは，これからの新しい生活のことをいろいろと話してくれた
が，「よく食べてよく寝てくれれば……そのことだけを思っています」とのこ
とだった。筆者もそれを聞きながら，確かにとても切実なことだと思えた。生
活のさまざまなことが何とかなってこそ，「よく食べてよく寝る」があるのだ
と，改めて感じさせられた。

　保護者とともに子どもの遊びを見守っていると，それだけでも，保護者の気持ちがいろいろに感じとられてきます。この事例で語られたことは，言葉だけをとってみれば，生活上の問題ということになりますが，それだけでなく，その子のすべてを大切に思っている気持ちが伝わってくるようでした。何かのきっかけがなければ，このような話を聞くこともできなかったかもしれません。今，目の前にいる子どもを大事に思う気持ちを共有するとき，互いの心がふとほどけて，気がかりなことも話し合えるように思います。

　子育てとは，単に子どもの発達を促すというだけでなく，生活のすべてにかかわっていることが，保護者の言葉から改めて分かります。子どもが「よく食べてよく寝る」とはあたりまえのことのように響くかもしれませんが，その過程を支える人がいて，初めて可能になることです。あたりまえのような日常の営みの中にこそ，尊い願いが込められています。

　津守眞は保育の日々のことを，イエスの言葉をひいてこう語っています。

　　「夜昼寝起きしているうちに，種は芽を出して成長するが，どうしてそうなるのか，その人は知らない」。あとになってみると，能力は伸び，落ち着きもでき，生活も楽になって成長していることが認識される。しかし，そうなるまでの毎日の生活の中では，成長は目に見えない。
　　夜になると寝て，朝起きるというだけで，子どもによっては大変である。そして，昼間の時間を毎日どう過ごすか。「夜昼寝起きしているうちに」という一行の中に，何と多くのことが含まれていることか。その毎日を，子どもを育てる大人自身がどう過ごすのか。日々私共に問われている（津守，1997，p. 166）。

　「子育て支援」を考えるとき，保護者が子どもとともに生きている，あたりまえに見える日々の尊さを，私たちは知っておく必要があるでしょう。保育者も，そんな日常を過ごしているのは同じです。「どうしてそうなるのか，その人は知らない」という言葉も示唆的で，人間の成長は，因果関係によって割り切れるものではないことが思い起こされます。こんな言葉がけをしたから子ど

もが「動いた」とか，こんなプログラムを実施したから「効果」があったというようなことは，簡単に言えることではありません。仮に何らかの「効果」があったとしても，それは一面的・表面的なものであることが多く，実際には夜昼寝起きする日常の生活を支える人がいて，初めて可能になるものです。外からは見えにくいかもしれないそんな日常を支えてきた体験が，保護者と保育者が共感によってつながる基盤となるでしょう。

　事例10-2の親子はもうすぐ入園期を迎え，保護者は子育てをしながら働くという新しい生活に入ります。第1章でも触れたように，入園期は子どもにとっても保護者にとっても大きな変化の時期です。保育は，子どもと保護者が自分らしい生活をつくっていく中で，アイデンティティを築いていく過程とともに進むものです。

　本章の冒頭に挙げたのは，津守房江が保護者への支援や，自らの体験を通して述べた言葉です。家庭や生活のあり方を一つに決めるようなことではなく，どの家庭も，どの子どもも保護者も，その人らしいやり方でよりよい生活を築いていくことが人間としての成長であり，それを支えるのが保育者なのだと思います。

　保護者の話を聞くときには，そうした生活の実感や人生の重みを受け止めたいと思います。また，子どもと保護者が新たな生活に向かって生きている姿から，私たち自身も学ぶことができるように思います。

（3）　相談を受ける者として

　保護者が相談したいことは，まとまった「問題」の形で言語化されている場合もありますが，事例10-1に挙げたように，何気ない会話の中ににじみ出てくることもあります。保育の中では，子どもから生まれるものを，その「とき」を逃さずに受け止めることが必要ですが，保護者の相談にも同じことが言えるでしょう。話してみたい気持ちが生まれたときに，その瞬間を捉えて受け止めるのは容易ではありませんが，目の前の子どものことを一緒に考えることが，自然と心を開いていく一つの手助けになります。

　相談の経験を通して，多くの保護者は「悩みの解決」というよりも，生活の中でいろいろな思いを抱えている胸の内を分かち合うことを求めているようで，実際に「聞いてもらって楽になりました」と言われることもありました。子育ての相談は，保護者や子どもたちを「問題」の視点から見るのではなく，ありのままの姿を受け止め，思いをともにしながら，一緒に考えていくということから始まるのだと思います。

第11章

保育をともに考えること
──保育実習の経験から──

　　私は実習生に，子どもと深いところで交わるようにといつも
云っています。
　　　　　　　　　　　　──津守眞「人間の基本をつくる時期」

　　　　　保育者として育ちゆく人たちと話し合うとき，私たちも保育
について改めて学ぶことは数多くあります。新しく保育を体
験する人たちが一つひとつのできごとと真摯に向き合うとき，
そこには保育を根本から考える機会が開かれます。それに触発
されて，筆者らも自分自身の心をもって問いに答えることが，
保育をともに考えていく関係を築くことにつながっているよう
です。ここでは実習指導を例に挙げながら，実習を超えて保育
者として育ち合うことのできるコミュニティのあり方について
考えます。

1　保育者として育ち合うこと

（1）　保育実習における振り返り

　筆者らは大学で保育者の養成に携わっています。若者たちがさまざまな現場
での実習を経験し，保育者として育っていく過程をともにするとき，筆者らも
保育について学ぶことが多くあります。どの学生にもそれぞれの持ち味があり，
実習の中で子どもたちに慕われながら懸命に保育に取り組んでいる姿と出会う
のは，実習担当者の喜びとするところです。

　保育実習を終えたあと，学生たちはいろいろな気づきを筆者らに伝えてくれ
ます。彼らの学びをどう受け止め，どう応えていくかは，実習担当者にとって
重要な課題です。もちろん，園から与えていただく機会や子どもたちの力に助
けられて，何よりも保育の体験そのものが学生たちを育ててくれるのですが，
そこから得られた成長の過程は，大学に帰ってきてからも深められていきます。
保育を振り返る省察を深め，共有することを通して，保育の中の大切なことを
一緒に考える体験ができることを願っています。

　保育についてともに考え，省察を分かち合うということは，保育実習指導だ

けではなく，どんな現場でも続けられていくことです。ここで取り上げるのは，ある年に行った事後指導のひとこまですが，保育者として育ち合う体験としては，園内研修での話し合いなど，将来の保育者としての成長にも通ずるものです。そこには，専門職としての成長の第一歩があるのだと思います。

（2）　保育を振り返るということ

保育者にとっての省察の意義が近年ではますます注目されるようになっていますが，ここではこの概念を一貫して用いてきた津守眞の観点を取り上げます。
「反省」と省察とは重なる部分をもっていますが，津守の省察はより深い意味合いをもっています。「反省」がしばしば自らのマイナス面を振り返る意味合いをもつのに対して，省察はそれだけではなく，保育をより深く理解しようとするものです。

> 省察は，保育の後の作業であるから，おとなは自由な思考をはたらかすことが容易である。その子どものそれまでの日々のことなども思い出され，その他のインフォメーションも合わせて考えられる。子どもの具体的な行為の流れに，繰り返し立ちもどる間に，実践の最中にはほとんど気づかなかった小さな行為に気づき，それが全体の理解を変えることもある。そしてその間に，子どもの世界の本質にふれるテーマが浮かび上がる。それは外部から与えられたテーマとは異なり，私との関係の中で自らに浮かび上がる課題である（津守，1987，pp. 185-186）。

ここではプラス面・マイナス面といった単純な価値判断を超えて，より広く自由な視野から，子どもの世界や，子どもと自分自身の関係を振り返る姿勢が示されています。
また，「反省」がしばしば意識的な努力によってなされるのに対して，津守のいう省察は，意識や意図を超えて振り返りが促される体験を伴っています。省察は，保育者の心の中に生まれてくるものです。

　　子どもたちが去ったあと，あるいは眠ったあと，保育者は，さし迫った現実
　の要求からひととき解き放たれ，無心になって掃除をするときが与えられる。
　三輪車がひっくり返り，思わぬところに積木がちらばり，そのところどころに，
　保育の最中には気づかなかった子どもの心のあとを見出す。それと共に，子ど
　もと応答していたときの体感や物質のイメージがよみがえる。いずれも，無心
　に掃除をするときに，向うからやってくる。もう一度心をとめて見よというか
　のごとくである（津守，1989，pp. 76-77）。

　保育者はもちろん意識的・意図的な努力をしていますが，それを超えて，省
察の瞬間は「向うからやってくる」。子どもと出会って心動かされる体験が，
私たちの心を省察へと促します。誰かに促されてする反省よりも，自らの心か
ら生まれる省察が，真摯に保育に向き合うことを可能にするのだと思います。
　冒頭に挙げたのは，津守が障碍をもつ子どもたちの学校で校長を務めていた
時代に語った言葉です。実習で学ぶべきことはたくさんあり，知識や技術を身
につける有能さも必要ではあるのですが，その中でも，子どもたちと心から出
会うことはもっとも大切なことではないでしょうか。実習は保育者としての出
発点でもあり，表層を超えて子どもたちと深くかかわるとはどういうことか，
少しでも感じとる体験ができればと思います。
　津守眞にも影響を与えた倉橋惣三は，実習について次のように論じています。

　　保育指導の大もとの第二は，幼児の保育法の要諦を把握させることであるが，
　これも普遍的な保育理論から導いたり，余り細かい保育技術を初めから授けた
　りするよりは，生徒自身が教養ある青年女性として持っている幼児への情愛と
　常識とを，素直に，殊にみずみずしく発揮させることから出発したい。理論や
　方法の普遍規格のみを気にして，どうすべきか，どうしなければならぬのかと
　いった風な思案ばかりさせて，折角の情愛と常識とを抑えさせたり閉ざさせた
　りしてはならない。殊に，そんな形式的指導に過ぎて，情愛のあたたかさもな
　く，常識のなまなましさもない，「冷たいから誤らない」といった癖をつけて
　は大変悪いことである。その意味で，真の指導は，幼児の前に女生徒を一ぱい
　に生きて働かすのでなくてはならない。従ってまた，技術として下手でも，方
　法として多少間違いをしても，ほんとうにその子への情愛と自分の常識から出

｜る保育をその真実と親切とを高く認めてやるべきである（倉橋，1944, p. 1）。

　戦前の女子学校での養成について書かれた文章でもあり，女性の保育者が取り上げられていますが，倉橋が語っていることは，ジェンダーを超えて人間としての保育者に当てはまることです。保育者養成においては，その人の心から生まれる子どもへの思いを大切にしたいと思います。

　もちろん実習に臨む際には入念な準備を行い，試行錯誤しつつも責任をもって実務にあたることが必要であり，それがあってこそ，子どもとの出会いを大切にすることができます。実習後の振り返りにおいては，技術面での課題もさまざまに語られます。そうしたことも大切に考えていくのですが，あまり形式的な「反省」にとどまるのではなく，一人ひとりの実習生の中にある保育への思いが深められ，共有される時間も，なくてはならないものだと考えています。

2　保育実習の授業実践から

（1）　事後指導の概要

　実習生たちが保育実習を終えて帰ってくると，実習を振り返る事後指導の授業を行っています。主な内容は次の通りです。

①実習報告会：実習で心に残ったことを一人ひとりが手短に報告して全員で共有し，それを受けて教員がコメントする。

②実習振り返り用紙：実習生が行った保育や，「子どもから生まれた遊び」などの項目を設けた一枚の用紙に，10日間の実習の様子を記入する。後日，担当クラスの年齢ごとに整理し，冊子の形にして全員で共有することで，実習時期の保育や子どもたちの様子の概略をつかみやすくする。

③個別面談：実習日誌を返却し，実習園からのコメントを伝えるとともに，一人ひとりの実習体験について話し合う。

　振り返り用紙の項目は年度ごとに検討を続けています。保育の様子について

はイラストを交えながら楽しんで記入している実習生もいます。個別面談は，実習中の訪問指導では語りつくせなかった体験について，あらためて落ち着いて話し合う機会にもなっています。

　ここでは，ある年に行った実習報告会の授業を取り上げます。

（2）　実習報告会の体験

　実習報告会では2回の授業時間を使って，その年の実習生（2年生・40人）全員が，実習で心に残ったことを発表しました。実習生の体験も，語ることもそれぞれに異なっており，それを扱える授業時数にも限りがあります。そうした状況で，実習生の思いを受け止めつつ，全体をも捉えながら，どんなふうに言葉を返せるのかは，いつも考えさせられるところです。

　ただ，初めての実習ということもあって，共通するテーマも見出されました。中でも言及が多かったのは，「指導案」「3歳未満児の保育」のテーマだったので，筆者（伊藤）はとくにこれらについてコメントしました。以下に，実習生の報告の要点を囲みで，それに対する筆者のコメントを再現したものを網掛けで示します。

[実践11-1] 指導案について

〈実習生の報告から〉
・砂場での遊びを考えていたが，途中で三輪車に興味をもち，そっちに行きたいという子がいたので，どうするべきか迷った。
・事前に考えていた手遊びをしてみると，子どもたちが「これもしたい！」と言うので，その手遊びもやってみた。
・新聞紙での遊びについて，「やぶる・ちぎる」ことをねらいとしていたが，2歳児の子どもたちはそれだけでなく，新聞紙の上に座ってピクニックごっこを始めた。

〈筆者のコメント〉
・（三輪車のエピソードについて）その日，その子は自分のしたいように三輪

車で遊んでもよかったのかもしれない。全員が一斉に砂場で遊び始めなけれ
ばいけないとは限らない。たとえば，その子が普段から車に興味がある子で，
三輪車に惹かれていってしまうことが分かっているのなら，指導の日はあら
かじめ三輪車を目立たないところに片づけておく方法もあったかもしれない。
手遊びや新聞紙の遊びも同様だが，指導案を絶対視するのではなく，そのと
きの子どもの状況に即して，対応を変えていけることが大切だと思う。

・ある実習園の園長先生から伺ったコメントを紹介したい。「指導実習は，想
定外のことが起こってこそ価値がある」。そして，必ずそういうこと，想定
外のことは起こってくる。指導案を超えて，子どもから生まれる心の動きを
受け止めてこそ，保育が生きたものになる。

・保育者は遊びや生活のねらいを立ててその日の保育に臨むが，実際にやって
みると，子どもはその中でもいろいろな活動を展開していく。子どもたちは，
こちらがねらいに挙げたものしか学ばないのではない。それ以上に，子ども
たちは活動の中からより多くのことを学んでいる。その様子から，私たちは
活動の中に，事前に自分が見出していた以上のねらいが内在していたことを
新たに発見することができ，次の保育に生かすことができる。子どもたちと
ともに柔軟につくっていく保育の大切さを，感じとれる保育者になってほし
い。

［実践11-2］　3歳未満児保育のあり方について

〈実習生の報告から〉
・実習が始まったころは，食事や排泄など，子どもがどこまで自分でできるか
が十分把握できておらず，どの程度援助していいか迷った。
・子どもたちは先生方と信頼関係ができていて，先生方の援助をスムーズに受
け入れている。言葉がけの難しさ，スキンシップの大切さ，信頼関係の大事
さなど，改めて実感した。
・担当制をとっている園，とっていない園，それぞれの違いに気づいた。

〈筆者のコメント〉
・（援助と信頼関係について）幼い子どもの生活を的確に援助するには，信頼
関係を築くことが大切であり，園に入ったばかりの実習生には難しいことも

多いと思う。子どもがどういう援助を必要としているのか，どんな言葉が子どもの心に寄り添うものになるのか，実際に子どもとかかわってみて，経験を通して学ぶことが大切だと思う。子どもがどこまで自分でできるのかを把握し，それに沿った援助を行うことも大切だが，その日，そのときによって，子どもはしてもらいたいこともあれば，自分自身でやり遂げたいこともあるだろう。言葉だけでなく，まなざしや，さりげなく手を取ることや，何かを一緒にしてみることなど，さまざまなかかわりが子どもに寄り添うことにつながっていく。

・（担当制について）担当制をとっている園でも，園の考え方や子どもたちの状況に応じて，そのあり方はさまざまに異なっている。担当制でない園（保育士が「主・副・補助」に分かれ，子どもそれぞれの担当を決めていない）であっても，一人ひとりへのかかわりを十分に考える必要がある。いずれにしても，とくに複数担任となる3歳未満児クラスでは，保育者どうしの連携が大切であり，そのことが実感できたことと思う。

　こうした話し合いを踏まえて，その日を締めくくる資料として，津守房江が著した『育てるものの目』（1984）から，「排泄のあと」「手をつなぐこと」を提示しました。ここには，排泄の援助のように，乳児と暮らす日々の何気ない生活の中に，どれだけ互いの心が込められているかが描かれています。歩き始めた子と指をつなぐときの体験については，「このときの指は体重を支えたというよりは，子どもの心の支えになっていたのだと思う」（津守房江，1984，p. 122）と述べられています。乳児を援助する保育者も，援助を求め引き出す乳児も，行動や技術の次元を超えて，深く心をつないでいることが，実感を通して語られている文章です。こうした子どもとの心のやりとりは，実習を経験した今，実習生にもより深く感じとってもらえたようでした。

3　保育をともに考える関係

（1）　実践コミュニティの観点から
保育実習の事後指導が，実習生とともに保育を考える機会となることについ

て，授業実践を通して考えてきました。このことについて，実践コミュニティの観点から考察します。

　実践コミュニティ（community of practice）は，レイヴとウェンガーが提唱した概念です。学びは個人の中だけではなく，コミュニティに支えられて生まれるものだという考え方がその背景にあります。そのコミュニティは，何らかの実践を共有するものであり，実践に参加すること，コミュニティの一員であることが大きな意義をもっています（レイヴ＆ウェンガー，1993）。保育実習も，実習の間はクラスの一員となって，保育という実践に参加することを通して，学びが促されます。実践コミュニティの観点からは，実習のあり方を新たに捉えることができます。

　①　実習での学びを豊かにしていく上では，生きた実習のコミュニティを築いていくことが重要だと考えられます。実習生が学ぶ場としてのコミュニティには，子どもたち，実習園の先生方，養成校がともにかかわっています。近年強調されているように，連携や協働は未来の保育者を育てていく上でも重要です。その連携は，本来的な意味では実践そのもの，つまり，保育の中身にかかわる部分でつながれることが必要になるでしょう。保育への思いを共有することが，信頼関係を深める機会となることは多くあります。こうした連携は，それ自体を目的としてつくられるというよりは，実習にかかわるやりとりや，普段から語り合うことを通して，自然と築かれていくところが大きいものです。

　②　実践コミュニティの観点からは，直接的な教え以上に，そのコミュニティで先を行く者がどんなアイデンティティを体現しているかが，新参者の学びを促すことが指摘されています。何よりも実習園の保育者と出会うことが，その貴重な機会となりますが，養成校の教員にとっても，保育を探究する者としてのアイデンティティが求められるでしょう。実習報告会でも，教員は実習生の語りを促すファシリテーターとしての役割だけでなく，実習生の問いに何らかの形で応答することが必要だと考えられます。それも，直接の解答を教えるというより，自らのアイデンテ

ィティをもって応えることが求められます。実習生が抱く疑問は保育の本質にかかわることも多いので，それに対する教員のコメントも絶対に正しいという種類のものではありませんが，私たちなりに応えることが，ともに考えを深めていく契機になるのではないかと思います。

③　子ども理解のあり方も，実践コミュニティの観点から新たに捉えられます。子ども理解は理論だけでなく，子どもたちの生活や遊びという「実践」に参加し，かかわる中でその実際を学ぶことができます。コミュニティの先達から学ぶということについて先に触れましたが，子どもの世界について学ぶ上では，子どもたちこそがアイデンティティの体現者として，実習生の学びを先導してくれます。

（2）　保育を考えるコミュニティを築く

　実践コミュニティにおいては，学びは相互的なものです。レイヴらは，新参者の経験の浅さは，長所として生かされるべきものだと述べています。新参者が抱く素朴な疑問は，現在のコミュニティの問題点を指し示すものであることもあるため，その素朴さが生かされるとき，コミュニティは新たに生かされることになるというのです。

　このような観点からは，教員は実習生を一方的に「指導」するというよりも，実習生の思いや疑問を受け止めながら，ともに保育の基盤について学ぶ者と捉えられます。実習報告会でのコメントを例に挙げましたが，固定した保育の知識を伝えるのではなく，実習生の報告に触発される形で考えたことに意味があると考えています。ともに考えるということは，そのとき生まれてきたものを具体的に取り上げることによって可能になり，さらにその際には教員自身の保育観もあらためて問い直されていきます。そのとき生まれるものを受け止めて応えるという姿勢自体も，保育への姿勢と重なるものです。

　保育実習を通して，私たちは実習生とともに保育について学びつつあるのであり，それはともに考えることのできる関係性を築くことによって可能になると考えられます。

　授業時間が限られていることにも触れましたが，関係性の観点からは，「事後指導」に終わりは定められていないとも考えられます。実習後の個別指導も行っていますが，その他にも研究室を訪ねてくる学生と実習体験や保育に関する疑問について話し合うことはよくあります。実習を終えてからゼミに入ってくる学生と，保育そのものの研究を進めていくこともあります。保育について話し合う関係は，正式な「実習指導」の時間に限られているわけではありません。

　筆者らの所属する大学では保育職のための「卒業生支援」の日を設けており，つい先日も卒業生たちが集まってくれました。今，保育者として考えていることや課題となっていることなどを自由に話し合う中で，さまざまな成長が感じられます。幼い子どもを連れて参加した卒業生もいて，子どもや保育への思いがこれまで以上に深められているのもうれしい光景でした。

　保育者として学ぶのは，終わりのない過程です。私たちもその過程の中にあります。一人ひとりの中に，子どもたちを思う心が生まれ，保育を探究する過程が始まる——実習はその出発点です。私たちも，いつも原点に触れて，保育をともに考えていきたいと思います。

お わ り に

　この十数年にわたって，子どもの世界を見つめ，映像とともに言葉にしてきた研究を，本書でまとめることができました。

　観察事例について，優れた保育実践だから取り上げたという言い方は，結論を先取りするようなことになるので，論文ではあまりしてきませんでした。けれども，今，本書の全体を振り返るとき，そのことを言葉だけでなく実質において示すことができたのではないかと思います。写真や事例を通して，一つひとつの場面にどれだけ保育者が心をつくしてきたか，子どもたちがどれだけ生き生きとしているか，思いを馳せていただければ幸いです。

　筆者の伊藤が保育者を務めていたころ，クラス担任として日々子どもたちとかかわることは，とても幸せな体験でした。今，観察者としての立場から保育の中に入るときには，同じように子どもの世界に惹きつけられていても，保育者のときに抱いていたあの思いとはやはり違っています。それでも，違う立場から見ることによって，保育者の時代には見えなかったことにも気づくことができたことは，とても貴重な体験だと思っています。

　本書で行った研究は，一般的に行われている研究とは違っているかもしれません。保育の世界では，研究と実践がなかなか結びつかないことが課題だと言われています。これに対して本書では3歳未満児の保育の世界について，実践者の目をもった研究を進めてきました。実践者が自らの実践を深め，子どものために考えるべきことを考えられる手がかりとなる研究が，これから広がっていくべきものだと筆者は思います。

　最後に，本書の刊行にあたっては，いつも私たちを温かく迎えていただいた，昭和保育園（倉敷福祉事業会）の先生方と子どもたちに感謝いたします。観察に訪れたあと，小野啓子園長と保育について親しく話し合えたのは，保育理解を

改めて深めることのできる，楽しい時間でした。御南こども園（橘会）では，子育て支援の実践にかかわらせていただき，その多彩な実践について学びました。また，恩師の宗高弘子先生は，ともに観察に訪れ，私たちの研究を後押ししてくださいました。

　本書の出版にあたっては，ノートルダム清心女子大学研究助成金をいただきました。そして，ミネルヴァ書房の神谷透氏からは本書への理解と温かな励ましを，編集担当の柿山真紀氏には細部まで心ある配慮をいただき，本書を形にすることができました。

　何よりも，素晴らしい世界に触れさせてくれた子どもたちと保護者の方々に，感謝いたします。

　　2020年　春

　　　　　　　　　　　　　　　　　　　　　　伊藤美保子

　　　　　　　　　　　　　　　　　　　　　　西　　隆太朗

文 献 一 覧

・文献を著者名のアルファベット順，出版年順に示す。邦訳書については原典を付記し，邦
　訳が複数あるものについては原典を先に挙げた。
・倉橋惣三など，思想の展開時期を示すため，引用を初出年で示した上，出典を付記したも
　のがある。この場合の参照ページは，初出時ではなく出典となった書籍のものである。ま
　た，一部旧字体・旧仮名遣いを現代のものに改めた。
・津守眞は後年，著者名に「眞」表記を用いており，本文はこれに従ったが，文献引用につ
　いては出版時の表記を用いる。

阿部和子（2002）.「乳児保育再考Ⅳ――0歳児の保育室の環境について」『聖徳大
　学研究紀要　短期大学部』35, pp. 15-21.

阿部和子（2007）.「乳児の『生活の質』の検討――担当制の視点から」『保育の実
　践と研究』11(4), pp. 49-71.

阿部和子（2009）.「保育の内容――三歳未満児」『別冊発達29　新幼稚園教育要
　領・新保育所保育指針のすべて』ミネルヴァ書房, pp. 126-135.

Adamo, S. M. G. & Rustin, M. (Eds.) (2014). *Young Child Observation: A*
　Development in the Theory and Method of Infant Observation. London: Karnac
　Books.

秋葉英則・白石恵理子（2001）.『シリーズ子どもと保育　0歳児』かもがわ出版.

天野珠路（2009）.「保育所保育指針『総則』をめぐって」『別冊発達29　新幼稚園
　教育要領・新保育所保育指針のすべて』ミネルヴァ書房, pp. 98-110.

カー, M., 大宮勇雄・鈴木佐喜子（訳）（2012）.『保育の場で子どもの学びをアセ
　スメントする――「学びの物語」アプローチの理論と実践』ひとなる書房.
　(Carr, M. (2001). *Assessment in Early Childhood Settings: Learning Stories.*
　California: SAGE Publications.)

チクセントミハイ, M., 今村浩明（訳）（2000）.『楽しみの社会学（改題新装版）』新
　思索社. (Csikszentmihalyi, M. (1975). *Beyond Boredom and Anxiety: Experiencing*
　Flow in Work and Play. San Francisco: Jossey-Bass.)

Elfer, P., Goldschmied, E. & Selleck, D. Y. (2012). *Key Persons in the Early Years:*
　Building Relationships for Quality Provision in Early Years Settings and

Primary Schools (Second Edition). Abingdon: Routledge.

Ephgrave, A. (2018). *Planning in the Moment with Young Children: A Practical Guide for Early Years Practitioners and Parents*. Abingdon: Routledge.

フロイト，S., 小此木啓吾（訳）(1920). 快感原則の彼岸. 『フロイト著作集6』人文書院，1970，pp. 150-194. (Freud, S. (1920). Beyond the Pleasure Principle. *The Standard Edition of the Complete Psychological Works of Sigmund Freud*, Volume XVIII, pp. 1-64. London: Hogarth Press, 1955.)

Goldstein, L. S. (1998). *Teaching with Love: A Feminist Approach to Early Childhood Education*. Bern: Peter Lang.

Gripton, C. (2017). Planning for endless possibilities. In A. Woods (Ed.) *Child-Initiated Play and Learning: Planning for possibilities in the early years (Second Edition)*, pp. 8-22. Abingdon: Routledge.

浜口順子（2001）.「自由な保育と不自由な保育」立川多恵子・上垣内伸子・浜口順子（著）『自由保育とは何か――「形」にとらわれない「心」の保育』フレーベル館，2001，pp. 9-52.

Hännikäinen, M. (2001). Playful actions as a sign of togetherness in day care centres. *International Journal of Early Years Education*, 9(2), pp. 125-134.

堀合文子（1970）.「入園期・子どもと保育者の心のつながり」『幼児の教育』69(6)，pp. 6-14.

今井麻美（2014）.「子どもの幼稚園入園に伴い母親が保育者と関わることの意味」『保育学研究』52(2)，pp. 268-278.

伊藤美保子・西隆太朗（編著）(2012). 『保育の中の子ども達――ともに歩む日々』大学教育出版.

Jarvis, P., Swiniarski, L. & Holland, W. (2017). *Early Years Pioneers in Context: Their Lives, Lasting Influence and Impact on Practice Today*. Abingdon: Routledge.

北郁子・西ノ内多恵・米山千恵（編）(1993). 『0歳児クラスの保育実践』中央法規出版.

コダーイ芸術教育研究所（2006）. 『乳児保育の実際――子どもの人格と向きあって』明治図書出版.

厚生労働省（2008a）. 『保育所保育指針解説書』フレーベル館.

厚生労働省（2008b）. 『保育所保育指針〈平成20年告示〉』フレーベル館.

厚生労働省（2017）. 『保育所保育指針〈平成29年告示〉』フレーベル館.

厚生労働省 (2018).『保育所保育指針解説〈平成30年 3 月〉』フレーベル館.

鯨岡峻 (2005).『エピソード記述入門——実践と質的研究のために』東京大学出版会.

鯨岡峻 (2009).「『養護』と『教育』という概念を吟味する」『教育と医学』57(9), pp. 57-58.

鯨岡峻・鯨岡和子 (2004).『よくわかる保育心理学』ミネルヴァ書房.

倉橋惣三 (1916).「新入園児を迎えて」坂元彦太郎・及川ふみ・津守真 (編)『倉橋惣三選集第二巻』フレーベル館, 1965, pp. 156-162.

倉橋惣三 (1919).「教師の心理」森上史朗 (編)『倉橋惣三選集第五巻』フレーベル館, 1996, pp. 300-306.

倉橋惣三 (1923).「一人の尊厳」坂元彦太郎・及川ふみ・津守真 (編)『倉橋惣三選集第二巻』フレーベル館, 1965, pp. 35-36.

倉橋惣三 (1934a).「ひきつけられて」坂元彦太郎・及川ふみ・津守真 (編)『倉橋惣三選集第三巻』フレーベル館, 1965, p. 38.

倉橋惣三 (1934b).「幼稚園保育法真諦　初版　第二編『保育の実際』の扉」坂元彦太郎・及川ふみ・津守真 (編)『倉橋惣三選集第三巻』フレーベル館, 1965, p. 450.

倉橋惣三 (1944).「保育実習指導概要」『幼児の教育』44(7), pp. 1- 3 .

倉橋惣三 (1953).「幼稚園真諦」坂元彦太郎・及川ふみ・津守真 (編)『倉橋惣三選集第二巻』フレーベル館, 1965, pp. 7-122.

倉橋惣三 (1954).「子供讃歌」坂元彦太郎・及川ふみ・津守真 (編)『倉橋惣三選集第一巻』フレーベル館, 1965, pp. 123-296.

倉橋惣三 (1967).「幼児保育と幼児教育」坂元彦太郎・及川ふみ・津守真 (編)『倉橋惣三選集第四巻』フレーベル館, pp. 271-275.

葛生栄二郎 (2011).『ケアと尊厳の倫理』法律文化社.

レイヴ, J., ウェンガー, E., 佐伯胖 (訳) (1993).『状況に埋め込まれた学習——正統的周辺参加』産業図書. (Lave, J. & Wenger, E. (1991). *Situated Learning: Legitimate Peripheral Participation*. Cambridge: Cambridge University Press.)

森本代志子・刀祢篤子 (2003).「一人ひとりが安心して過ごせる環境づくり——担当制を通して」『全国保育士会研究紀要』13, pp. 12-21.

森上史朗 (1993).『子どもに生きた人・倉橋惣三——その生涯・思索・保育・教育』フレーベル館.

守屋光雄 (1973).『保育の原点』新読書社.

西隆太朗（2017）.「遊びの中で出会うことを知ろう——保育・子育て支援における
　　かかわりを考える」入江礼子・小原敏郎・白川佳子（編）『子ども・保護者・
　　学生が共に育つ保育・子育て支援演習——保育者養成校で地域の保育・子育て
　　支援を始めよう』萌文書林，pp. 93-98.

西隆太朗（2018）.『子どもと出会う保育学——思想と実践の融合をめざして』ミネ
　　ルヴァ書房.

西ノ内多恵（1994）.「入園当初における『親子登園』の意義——２歳児プレイルー
　　ムでの試みから」『保育学研究』32，pp. 59-66.

ノディングズ，N., 佐藤学（監訳）（2007）.『学校におけるケアの挑戦——もう一つ
　　の教育を求めて』ゆみる出版.（Noddings, N. (1992). *The Challenge to Care in
　　Schools: An Alternative Approach to Education.* New York: Teachers College
　　Press.）

大沢佳代（1994）.「大人とのかかわりを大切に——０歳児のグループ担当制」『季
　　刊保育問題研究』145，pp. 68-72.

Page, J. (2018). Characterising the Principles of Professional Love in Early
　　Childhood Care and Education. *International Journal of Early Years Education,*
　　26(2), pp. 125-141.

Page, J., Clare, A. & Nutbrown, C. (2013). *Working with Babies and Children:
　　From Birth to Three.* Abingdon: Routledge.

佐伯胖（1997）.「保育研究の在り方——小川の再批判にこたえる」『保育の実践と
　　研究』1(4)，pp. 47-60.

齋藤政子（2013）.「新入園児の慣れ過程にみる泣きの変化と心理的拠点形成」『明
　　星大学研究紀要　教育学部』3，pp. 55-70.

榊原洋一・今井和子（2006）.『今求められる質の高い乳児保育の実践と子育て支
　　援』ミネルヴァ書房.

坂元彦太郎（1976）.『倉橋惣三・その人と思想』フレーベル館.

佐藤学（1995）.『学び——その死と再生』太郎次郎社.

Schön, D. A. (1983). *The Reflective Practitioner: How Professionals Think in
　　Action.* New York: Basic Books.（ショーン，D. A., 柳沢昌一・三輪建二（監
　　訳）（2007）.『省察的実践とは何か——プロフェッショナルの行為と思考』鳳
　　書房.）（ショーン，D. A., 佐藤学・秋田喜代美（訳）（2001）.『専門家の知恵
　　——反省的実践家は行為しながら考える』ゆみる出版.）

セチェイ・ヘルミナ，羽仁協子・サライ美奈（訳）（1999）.『０〜３歳児の保育・

最初の3年間——保母と母親とのよりよいコミュニケーションのために』明治図書出版.

汐見稔幸・村上博文・松永静子・保坂佳一・志村洋子（2012）．「乳児保育室の空間構成と"子どもの行為及び保育者の意識"の変容」『保育学研究』50(3)，pp. 298-308.

杉山弘子・佐藤由美子・前田有秀（2014）．「0歳児保育における保育者——子ども関係」『尚絅学院大学紀要』68，pp. 113-125.

サライ美奈（Szalai Mina）（2014）．『ハンガリー　たっぷりあそび就学を見通す保育——一人ひとりをたいせつにする具体的な保育』かもがわ出版.

津守房江（1984）．『育てるものの目』婦人之友社.

津守房江（1988）．『育てるものの日常』婦人之友社.

津守房江（2001）．『はぐくむ生活』婦人之友社.

津守真（1964）．「不安定に耐える力を養うこと——教育計画における柔軟性の必要について」『幼児の教育』63(10)，pp. 31-32.

津守真（1974）．「保育研究転回の過程」津守真・本田和子・松井とし・浜口順子（著）『人間現象としての保育研究（増補版）』光生館，1999，pp. 3-42.

津守真（1979）．『子ども学のはじまり』フレーベル館.

津守真（1980）．『保育の体験と思索——子どもの世界の探究』大日本図書.

津守真（1987）．『子どもの世界をどうみるか——行為とその意味』日本放送出版協会.

津守真（1989）．『保育の一日とその周辺』フレーベル館.

津守真（1996）．「障害児教育——身体のことばを学ぶ」一色清（編）『教育学がわかる。』朝日新聞社，pp. 48-49.

津守真（1997）．『保育者の地平——私的体験から普遍に向けて』ミネルヴァ書房.

津守真（1998）．「保育者としての教師」佐伯胖・黒崎勲・佐藤学・田中孝彦・浜田寿美男・藤田英典（編）『教師像の再構築（岩波講座6　現代の教育——危機と改革）』岩波書店，pp. 147-168.

津守真（1999）．「癒しと教育」『幼児の教育』98(9)，pp. 34-36.

津守真（2002）．「保育の知を求めて」『教育学研究』69(3)，pp. 37-46.

津守眞（2009）．「人間の基本をつくる時期」『愛育の庭から——子どもと歩み学ぶ日々』愛育養護学校，pp. 48-50.

津守真・森上史朗・千羽喜代子（1989）．「『第一回保育研究シンポジウム』報告——第二分科会　保育における環境について」『保育研究』10(1)，pp. 64-79.

津守眞・津守房江（2008）.『出会いの保育学――この子と出会ったときから』なな
み書房.

Wenger, E.（1998）. *Communities of Practice: Learning, Meaning, and Identity*.
Cambridge: Cambridge University Press.

ウェンガー，R.,マクダーモット，R. & スナイダー，W. M.,櫻井祐子（訳）（2002）.
『コミュニティ・オブ・プラクティス――ナレッジ社会の新しい知識形態の実
践』翔泳社.（Wenger, E., McDermott, R. & Snyder, W. M.（2002）. *Cultivating
Communities of Practice*. Boston: Harvard Business School Press.）

Winnicott, D.W.（1960）. The theory of the parent-infant relationship. *International
Journal of Psycho-Analysis*, 41, pp. 585-595.

米山千恵・渡辺幸子（編）（1997）.『０歳児クラスの楽しい生活と遊び』明治図書
出版.

吉村智恵子・望月久乃（1995）.「幼稚園生活への適応について――入園当初の適応
を中心にして」『名古屋女子大学紀要　人文・社会編』41，pp. 151-160.

初 出 一 覧

　論文を収録するにあたって，すべての章について大幅な再構成を行った。広く読みやすい
ものとするため文体を改めたほか，元論文で行っていた先行研究の検討のうち，保育実践者
にとって興味深いと思われるもの以外については最小限にとどめることとした。また，その
後の保育界の変化や新たな研究も取り入れており，基本的にはどの章も，新たな書き下ろし
に近い形となっている。

序　章：書き下ろし

第1章：伊藤美保子・西隆太朗・宗高弘子（2016）.「一人ひとりを大切にする保育
　　　⑵──0歳児の入園期に着目して」『ノートルダム清心女子大学紀要　人間生
　　　活学・児童学・食品栄養学編』40(1)，pp. 76-85.

第2章：伊藤美保子・宗高弘子・西隆太朗（2015）.「一人ひとりを大切にする保育
　　　──0歳児クラスの担当制による乳児保育の観点から」『ノートルダム清心女
　　　子大学紀要　人間生活学・児童学・食品栄養学編』39(1)，pp. 124-132.

第3章〜第7章：下記3論文に基づき，観察の方法論を論じた部分を第3章に，各
　　　クラスの観察を第4章〜第6章に，0・1・2歳児クラス全体を通しての考察を
　　　第7章にまとめた。

　　　伊藤美保子・西隆太朗・宗高弘子（2017）.「乳児期の遊び環境と保育者のかか
　　　　わり──0歳児クラスの観察から」『ノートルダム清心女子大学紀要　人
　　　　間生活学・児童学・食品栄養学編』41(1)，pp. 68-77.

　　　伊藤美保子・西隆太朗・宗高弘子（2018）.「乳児期の遊び環境と保育者のかか
　　　　わり──1歳児クラスの観察から」『ノートルダム清心女子大学紀要　人
　　　　間生活学・児童学・食品栄養学編』42(1)，pp. 9-19.

　　　伊藤美保子・西隆太朗・宗高弘子（2019）.「乳児期の遊び環境と保育者のかか
　　　　わり──2歳児クラスの観察から」『ノートルダム清心女子大学紀要　人
　　　　間生活学・児童学・食品栄養学編』43(1)，pp. 25-37.

第8章：下記論文をもとに，関連するその後の研究を取り入れて大幅な改稿を行っ
　　　た。

　　　西隆太朗・伊藤美保子（2014）.「保育の計画を立案することの意味──保育の

専門性と実践の観点から」『ノートルダム清心女子大学紀要　人間生活
学・児童学・食品栄養学編』38(1)，pp. 93-100.

第9章：西隆太朗・伊藤美保子（2013）．「養護と教育の一体性——保育現場におけ
る実践知の観点から」『保育の実践と研究』18(2)，pp. 18-28.

第10章：日本乳幼児教育学会における二つの発表（2016，2017）を発展させて論じ
た。

第11章：西隆太朗・伊藤美保子（2014）．「実習生とともに保育を考える——事後指
導における振り返りを通して」『保育士養成研究』31，pp. 105-114.

写真・事例一覧

（観察事例およびインタビュー等を含む）

索 引

（＊は人名）

《著者紹介》

伊藤美保子（いとう・みほこ）

保育士として10年，主任保育士として17年の計27年間にわたり，保育園での実践にあたる。2007年以後，大学で保育士養成に携わるとともに，保育現場と連携しながら観察研究・実践研究を進めている。
　現　在　ノートルダム清心女子大学人間生活学部児童学科准教授。保育士。
　主　著　『保育の中の子ども達——ともに歩む日々』（共編著）大学教育出版，2012年。

西　隆太朗（にし・りゅうたろう）

1971年生まれ。1995年に京都大学教育学部卒業後，2002年に同大学大学院にて博士号（教育学）を取得。精神分析的心理療法における関係性についての研究から出発し，近年は保育現場で子どもたちとかかわりながら保育研究を進めている。
　現　在　ノートルダム清心女子大学人間生活学部児童学科教授。臨床心理士，公認心理師。
　主　著　『子どもと出会う保育学——思想と実践の融合をめざして』ミネルヴァ書房，2018年。

写真で描く乳児保育の実践
——子どもの世界を見つめて——

2020年9月30日　初版第1刷発行　　　　　　　　　　〈検印省略〉

定価はカバーに
表示しています

著　者　　伊　藤　美保子
　　　　　西　　　隆太朗
発行者　　杉　田　啓　三
印刷者　　中　村　勝　弘

発行所　株式会社　ミネルヴァ書房
607-8494　京都市山科区日ノ岡堤谷町1
電話代表　（075）581-5191
振替口座　01020-0-8076

© 伊藤・西，2020　　　　　　　中村印刷・藤沢製本

ISBN978-4-623-08996-3
Printed in Japan

子どもと出会う保育学
──思想と実践の融合をめざして──

西 隆太朗 著

倉橋惣三・津守眞らの保育思想研究、具体的な事例研究やその方法論などから、保育という営みを捉える新たな保育学のあり方を示す。　Ａ５判／264頁／本体2400円

保育者の地平
──私的体験から普遍に向けて──

津守 真 著
Ａ５判／312頁／本体3000円

保育の場で子どもを理解するということ
──エピソード記述から"しる"と"わかる"を考える──

室田一樹 著
Ａ５判／172頁／本体2200円

保育の場に子どもが自分を開くとき
──保育者が綴る14編のエピソード記述──

室田一樹 著
Ａ５判／242頁／本体2400円

子どもの心を育てる 新保育論のために
──「保育する」営みをエピソードに綴る──

鯨岡 峻 著
Ａ５判／298頁／本体2200円

子どもの心の育ちをエピソードで描く
──自己肯定感を育てる保育のために──

鯨岡 峻 著
Ａ５判／296頁／本体2200円

ミネルヴァ書房
https://www.minervashobo.co.jp/